WILEY

Trading Rules that Work
The 28 Essential Lessons Every Trader Must Master

高效**期货**交易规则

每个交易者必攻的28堂核心课

［美］贾森·艾伦·扬科夫斯基　　著
（Jason Alan Jankovsky）

陶尚芸　译

U0125463

机械工业出版社
CHINA MACHINE PRESS

作为交易者，我们经常接受别人教给我们的各种规则。适当地运用这些规则有助于我们取得持续的交易成功，违反规则会让我们损失金钱。那为什么有人不遵守规则呢？

关键的问题是找到一种个人运用规则的独特方式，这种方式对你有用。本书的宗旨是帮助交易者更好地定义自己的个人交易方法，以一种适合自己交易风格的方式来解释和应用这些规则，让交易规则为你服务。

北京市版权局著作权合同登记　图字：01-2019-1164号。

图书在版编目（CIP）数据

高效期货交易规则：每个交易者必攻的28堂核心课 /（美）贾森·艾伦·扬科夫斯基（Jason Alan Jankovsky）著；陶尚芸译. — 北京：机械工业出版社，2023.5

书名原文：Trading Rules that Work: The 28 Essential Lessons Every Trader Must Master

ISBN 978-7-111-72859-7

Ⅰ.①高… Ⅱ.①贾… ②陶… Ⅲ.①期货交易－基本知识 Ⅳ.①F830.9

中国国家版本馆CIP数据核字（2023）第103770号

机械工业出版社（北京市百万庄大街22号　邮政编码100037）
策划编辑：蔡欣欣　　　　　　责任编辑：蔡欣欣
责任校对：龚思文　王　延　　责任印制：刘　媛
涿州市京南印刷厂印刷
2023年8月第1版第1次印刷
148mm×210mm·7.25印张·142千字
标准书号：ISBN 978-7-111-72859-7
定价：79.00元

电话服务　　　　　　　　　网络服务
客服电话：010-88361066　　机 工 官 网：www.cmpbook.com
　　　　　010-88379833　　机 工 官 博：weibo.com/cmp1952
　　　　　010-68326294　　金 书 网：www.golden-book.com
封底无防伪标均为盗版　　　机工教育服务网：www.cmpedu.com

作者简介

　　贾森·艾伦·扬科夫斯基是芝加哥市区的全职交易者。1987年5月，他以独立客户的身份从事了一年多的交易后，开始了自己的第三轮大宗商品经纪人职业生涯。在此期间，他几乎涉足了期货行业的各个方面，也涉足了外汇现货市场。目前，他是Infinity经纪服务公司及其姊妹公司ProEdgeFX客户团队的一名教育者，这两家公司的总部都位于芝加哥市中心。他每天都要直播两次外汇评论，还定期为几家在线出版物撰稿，兼任FOREXTV.com的常驻评论员，并为全球的交易者教授交易心理学课程。此外，扬科夫斯基是一名私人飞行员，也是一名狂热的水手。

　　你可以直接通过Infinity经纪公司（1-800-531-2817）或通过电子邮件（webinar@infinitybrokerage.com）联系他。

前言

我和我的编辑凯文·康明斯（Kevin Commins）在公司会议室讨论新书的创意。他想出版一本关于交易规则的高质量书籍，并将我公司在网站上发布的50条规则视为一个良好的起点。我们能否扩展这些基本理念，推出一本关于交易规则的书呢？

那些规则的创立者对此很感兴趣，但真的没有时间著书立说。我告诉凯文，关于交易规则的好书之所以如此之少，是因为交易规则更像是工作指引，完全是主观的。在我看来，大多数规则无论如何都不起作用，因为大多数交易者不知道如何使用。听我这么说，他很惊讶。我们对此进行了一些讨论，这就是本书诞生的基础。我们还回答了这样一个问题：为什么这些规则不奏效？

我发现这个问题其实很难回答。在最初的几个月里，在我的家里和办公室里到处都是我写的笔记，但没有一份笔记可以称得上"手稿"。为了解答"为什么这些规则不奏效"的问题，我经过深思熟虑，然后决定采用某种方式向读者提供一个公平的答案。

从核心层面上看，一切交易规则、工作指引、交易者箴言录或深刻见解都是交易者心理学和市场心理学的一个因素。

市场提供了无限机会，以及追求机会的绝对自由的假象。"规则"和行为控制似乎与这种想法背道而驰。只有当我们作为交易者被市场打败一段时间后，才会重新认识市场。"止损"不是一条规则，而是一种自我保护。但这对我个人来说到底意味着什么？为什么我需要保护自己？我为什么不遵守规则呢？

埃德加·爱伦·坡（Edgar Allan Poe）在其短篇小说《失窃的信》（*The Purloed Letter*）中讲述了一个小偷为了追回一份被盗文件而耍尽了警察的故事。随着故事的展开，一名旁观者发现这封信可能藏在了人们的眼前。然而，警察们当时不遗余力地搜查了小偷的家，也没有找到，更谈不上没收了。从这个假设出发，这名旁观者在第二次登门时找回了被盗的信，这封信确实"藏在人们的眼前"。

交易规则就像那封失窃的信。作为交易者，我们经常接受别人教给我们的各种规则，但对这些规则背后的心理学假设我们常常视而不见。使这些规则真正奏效的心理学原理往往"隐藏"在显而易见的地方。作为交易者，我们都会同意，适当地运用这些规则将帮助我们取得持续的交易成功，而且我们都从个人经验中得知，违反规则会让我们在市场上损失金钱。那我们为什么不遵守规则呢？

这本书阐述了人们公认的交易规则背后的深层心理学原理，并帮助个人交易者更好地理解这些交易规则如何才能发挥作用。这些规则实际上分为四个部分，每个部分都是独立的指导原则。这些指导原则都展示在适当的语境中，由此探讨每一部分的基础心理学因素。正如大多数交易者所知道的那样，有无数种方式可以解释价格波动，选择执行点，或者对一般市场条件或潜在价格行为提出假设。我们的目的不是提供另一种交易系统（天哪，这种系统已经够多了），而是提供一种方法，向你展示改进交易方法的两件事：一是你如何思考，二是市场如何"思考"。

　　当你停下来并意识到大多数交易者都有净亏损时，那么，区分交易者盈利还是亏损的决定性的潜在因素是什么呢？我相信这个问题没有明确的答案，仅有的说法是：一个交易者一直遵循他自己采用的规则，而另一个交易者没有遵循规则，或者，更糟的是没有交易规则。因为参与的方式数不胜数，我认为，关键的问题是找到一种个人运用规则的独特方式，这种方式对你有用，你以后就一直这样做。"止损"说起来容易，但每个交易者都有自己独特的定义方式。本书的宗旨是帮助读者更好地定义自己的个人交易方法，以一种适合自己交易风格的方式来解释和应用这些规则。交易规则本身不是问题，问题是让交易规则为你服务。

本书的结构安排

　　参与交易的时候，你要对自己正在做的事情有一个确切的把握。第一部分"进入游戏"概述了市场价格波动背后的心理学因素，这只意味着，就你的交易选择而言，要明白如何从强大的市场表现的角度出发。交易不只是"低买高卖"那么简单，你要学会理解价格变动背后的方式和原因，以及如何主动参与，而不是让价格替你做决定。你必须在弱势时买入、在强势时卖出，才能成功交易，但是，对方交易者会说你是在"抄底"[⊖]或"逃顶"[⊖]。你的交易计划是形成一种利用价格而不是对价格做出反应的思维范式的关键因素。这个过程的任务之一就是学习从概率的角度来思考，因为没有一种交易方法可以在100%的时间里100%准确，这对任何人来说都不现实。所以第一部分将详细阐述交易游戏的本质，以及如何更好地参与其中。

第二部分是"止损"。每个交易者都会有亏损，任何一个每天参与交易的交易者都会告诉你，止损对于交易账户的长期稳健多么重要。在这一部分中，我们将探讨自我保护规则的潜在心理学原理，以及为什么我们很难实施这种迫切需要的保护措施。很多交易者潜意识里都希望自己是"对的"，他们不会迅速地平仓亏损的交易。即使你不会像他们那样固执，但在某些情况下，你的个人交易方式中也会有一些阻止你迅速止损的因子。制定一套针对你的交易风格而设计的个人交易规则，将有助于你保护自己，只是在情感上很难这样做。如果你未能开发和执行为保护你而设计的规则，那么你迟早会遭遇"灭顶之

⊖ 指以某种估值指标衡量的股价下跌到最低点时买入，预期股价将会很快反弹的操作策略。——译者注

⊖ 指在股价上涨过程中，估计快要到顶部了，价格要从上涨转为下跌的时候，果断卖出的操作策略。——译者注

灾"。你要知道什么时候做好亏损的准备，以及当你发现亏损的事实时，如果你已经进入了市场，你应该怎么做，这是止损的重要前提之一。有时你的保护策略会要求你最好不要交易。你要明确交易方法中的所有这些选择，这是成功的一半。

第三部分探讨了相反的动态："让利润飙升"。每个交易者都会在某一时刻平仓一笔获利的交易，结果却看到那笔交易对他越来越有利。如果交易者应用一两个简单的规则来坚守盈利交易，可能已经从市场中获得了巨大的收益。对每个交易者来说，让利润飙升的过程是不同的，但每个人的潜在心理都是一样的。学会创建不断扩大的规则架构，可以帮助你保持自己的盈利者地位，直到市场耗尽了对你有利的一切潜力，但这不是价格行为的产物。相反，它与价格背后的净指令流有关。你要重点了解指令流何时耗尽了盈利交易的盈利潜力，而不是了解交易发生时的价格。跟踪指令流将涉及多元时间框架，因此，充分了解这些时间框架是如何相互关联的，将有助于你制定自己的交易规则，以实现盈利交易的最大化。

第四部分是"交易者箴言录"。在第四部分，我们来看一些最常见的交易规则，这些规则既有消极心理暗示，又有积极心理暗示。其中一些规则对你个人来说并不适用，但它们在一开始是有意义的，所以你可能会尝试将其应用到你的交易方法中。这可以说是令人沮丧的，甚至是自我毁灭的。其中一些交易规则只有在特定的市场条件下才能发挥最佳作用，并且只应在这些条件下使用，否则根本不能使用。这些规则的潜在问题是，虽然一开始听起来它们都很好，但在涉及时间框架或个人交易方法的心理方面，它们往往会被误解。有时，这些规则只是与你的整体风格相冲突。

例如，交易规则"买入大宗商品中的最强者"并不适用于日内交易者。这条规则最初是长线交易者使用的，他们试图在谷物等大宗商品上进行多样化投资。由于不知道在市场看涨的情况下，哪一种谷物的涨幅可能最大，交易者会全部买入，并对最有潜力的谷物施加更大的杠杆作用。在这种情况下，由于预见到干旱，他们会买入玉米、大豆和小麦，可能会多买大豆，因为根据经验来看，每一蒲式耳大豆在干旱期间比玉米或小麦要多涨几美元。在这种情况下，如果你不买入谷物，那么大豆价格的小幅下跌很可能会让你出局，或给买方带来亏损，因为大豆比玉米或小麦更容易受到极端波动的影响。对于日内交易者来说，如果市场在你进入后不久开始走低，那么，在表现最佳的产品价格向上的突破点买入，可能是最糟糕的举动。在这个例子中，交易规则不起作用。

我不是建议你避免使用你认为有价值的规则，而是认为你要深刻了解以下内容：这些规则是为了什么而制定的、盈利的交易者是如何使用它的，以及在你的时间框架内是否也可以使用它，这是决定你是否能使这些规则为你个人所用的绝佳方法之一。

归根结底，要让这些规则奏效，就必须充分了解你的个人心理和市场心理，这样才能每天做两件事：限制你伤害自己的潜力，最大限度地发挥市场潜力让你盈利。了解这些规则背后的潜在心理学是有益的，同时也可以帮助个人学习如何正确地运用这些规则。在作为交易者的成长过程中，你很可能会得出和大多数成功交易者一样的结论：规则对每个交易者来说都是独一无二的，但每个交易者都遵循相同的工作指引。所有这些五花八门的规则、深刻见解、工作指引和交易者箴言录一起做了两件事：防止交易者伤害自己，并帮助交易者从自己的交易方法中获得最多的报酬。

先学规则，后做交易

在开始学习交易规则之前，我想说明一下，对交易规则的解读是如何帮我改进交易方法的。作为一名年轻的交易者，我经常会鲁莽行事，根据自己的观点做出快速的判断并立即执行。因为我没有真正地执行规则，所以，我经常会在交易中抢先一步，而如果我耐心等待的话，最终会成功的。在我学会了遵守规则10："做好记录，检测数据"后，我发现，我对净价格走势的最初观察通常是正确的，但由于早了一两天（违反了规则4："弄清楚你的时间框架"），我经常在市场转向之前赔钱出局。在这种情况发生了几次之后，我立即以止损出局的价格重新入市，结果又是一小笔亏损，因为我选择了范围更小的止损指令（违反了规则7："第一笔亏损是最幸运的亏损"）。这种情况发生了六七次（违反了规则9："不要过度交易"）以后，市场才在与我当初操作的相反方向上出现明显的波动。接下来，市场才会反转。我会持仓盈利交易，但在我的交易获得净利润之前，我需要弥补之前的大笔亏损。例如，日元出现200点的波动，我只能净赚30~40点，因为我首先要弥补150点的赤字。

我在回顾了自己的笔记、观察结果和操作历史之后认为，观察交易的技能不是问题所在。我的时间选择通常早了一两天。我为自己制定了一条新规则："如果连续三次亏损，我就不能在24小时内再交易了。"如果我前三次尝试买入我认为是跌价的期货，结果却亏损了，通常在一天左右的时间里，我还会在同一价格找到同样或更好的机会。我通过这种方式来约束自己的操作，可以减少三四笔亏损。最终，我遵守第二部分的规则，还经常使用第三部分的规则。我的交易操作和我的分析并没有真正改变，但更好地遵循这些规则让我更好地建立头寸并"坚守阵地"。我学会了让规则为我自己服务，要赚的钱一直都在那里。

目录

高效期货交易规则

Trading Rules that Work:

The 28 Essential Lessons Every
Trader Must Master

第一部分　进入游戏

高效期货交易规则

规则1
摸清游戏规则

千里之行，始于足下。

——老子《道德经》

　　让交易规则奏效的关键是理解规则背后的心理学原理，要知道规则在哪里最有效，还要清楚它是否与我们的个人交易风格相符。而规则背后的心理学原理就是该规则的事实真相，部分原因在于市场心理学本身就是这样。我认为，如果我们不了解这种潜在的市场心理学，这些规则就无法发挥最佳作用。

　　我们这么评估的关键在于理解自己的个人心理状态。无论你处于交易者演化过程的哪个阶段，也无论你如何运用自己的发展技能，你终究会发现，你的个人心理状态是你作为交易者持久成功唯一最重要的变量。事实上，只有那些接受自己心理真相的交易者，才能让他的交易规则顺利发挥作用——因为规则是自己创造的、自己执行的、自己挫败的。如果没有对市场心理学和个人心理学的充分理解，即使拥有成功的系统化方法和良好的规则，你的下场也很可能是"净亏损"。

不管你当前的精明程度或交易背景如何，现在，摆在你面前的是一个关于交易市场基本结构的无可争辩的事实，你需要彻底了解它，以免你将自己置于危险之中。期货、期货期权和外汇现金（FOREX），大多数读者交易的市场都是"零和市场"[○]。价格变动和现金管理发生在一个不赚钱甚至赔钱的环境中；交易结清后，收益或损失作为存款账户之间的现金借方或贷方积累。换句话说，一笔盈利的交易从另一笔亏损的交易中获得现金信贷。交易所的平仓公司只是把现金贷项分配到盈利交易的账户上，把现金借项分配到亏损交易的账户上。

归根结底，是亏损者付钱给盈利者。除非某个地方的某个交易者（或一组交易者）在同一市场同一交易所与你交易，并已亏损完全相同的金额，否则，你的交易账户不可能增加现金信贷额度。为了让你从交易中赚到1万美元，另一个交易者（或一组交易者）必须亏损1万美元。如果不接受这种风险，你就不能参与"零和交易"[○]。

正是零和交易的本质，使得交易规则的使用和适用成为持久成功的关键前提。如果你对自己的所作所为或者真正承担的风险知之甚少，你就会成为亏损者，只能付钱给盈利者。这就是交易市场的唯一运作模式。

让我们来看看价格波动背后的心理学吧。我相信，这比简单的事实（每一笔盈利交易背后都有一笔亏损交易）要深刻得多。零和交易为我们提供了一些有趣的见解，让我们明白什么是群体行为，以及利用价格走势获利需要哪些因素。我们从基本交易开始吧。

先说说玉米期货⊖。请你输入买入指令，以2.33美元/蒲式耳的价位进行买入开仓⊖。想要获得一份合约，你的买入指令就得与该价位的卖出指令相匹配。为了便于说明，我们假设还有一个卖出开仓⊜。因此，交易者双方都将自己置于风险之中，现在，一个新的多头头寸⊗和一个新的空头头寸⊗正处于活跃状态。接下来会发生什么呢？

另一组指令进来了，这些都是相匹配的指令，但如果此时在指令流中存在不平衡，则市场会重新报价以反映这种不平衡。换句话说，如果可以的话，在卖出指令匹配之后还剩下更多的买入指令，市场就会走高，以更高的价格匹配卖出指令。剩下的买入指令会在新的更高价位上相匹配。如果还有更多的

⊖ 玉米是国际期货市场上最早的期货交易品种之一，是期货市场的发端品种，也是至今为止规模最大的农产品期货品种。——译者注

⊖ 看涨，多单建仓，如果标的指数上升你就赚钱。——译者注

⊜ 看跌，空单建仓，如果标的指数下降你就赚钱。——译者注

⊗ 指看好资产后市发展，预计股价或资产未来会涨，所以在低价买入，以赚取价差收益。——译者注

⊗ 投资者不看好后市发展，认为资产在未来会下跌，在高位卖出资产，获得资金，待资产在未来下跌时，再以低价买回，以赚取当中的价差。——译者注

买入指令，就会再上升一个基点。

当然，这个例证是概念性的。正如大多数交易者所知道的，这些买卖指令不断涌入，是来自双方的止损指令、限价指令和市场指令的组合，且这种组合总是在变化。我们关心的是价格压力，因为对净指令流的处理每时每刻都在进行中。如果买方的指令不平衡，市场将继续走高，直到这种不平衡得到纠正，买卖指令再次大致相等。如果此时卖出指令压倒了买入指令，市场将开始下跌，并将继续下跌，直到买入指令与卖出指令再次趋于平衡。

价格波动的起伏来自这些指令差额，我们所说的上升或下降趋势，实际上是持续一段时间的净指令差额。

我们可以假设经历了某个特殊阶段，期间的净指令差额导致了玉米的新价格：

→2.38美元/蒲式耳←

你的未平仓多头现在盈利为0.05美元/蒲式耳。你的投机交易者对手的未平仓空头的交易亏损是0.05美元/蒲式耳。如果在同一时刻，你们都选择平仓，而你们的指令相互抵消，那么，你的账户将被记入贷方，而他的账户将被记入借方，两者金额完全相同（当然要减去一切费用）。

上述的这些都很容易理解，但在交易过程中，有一个完全不同的世界在起作用。那个世界就是交易者的心理状态，这种心理状态可以激发交易者的冲动行为，导致他们在第一时间下达交易指令。

　　在价格波动中不会立即显现的东西就是认知——净贷方或净借方如何影响账户持有人？账户持有人在想什么？他下一步必须做什么？可以确定的是，在某一时刻，交易者双方都必须平仓；没有人能永远留在市场上。当亏损的头寸在某一时刻被平仓时，亏损的交易者必须做与自己的数额相等且方向相反的交易。换句话说，如果我在市场买入，而价格在下跌，我必须卖出以止损，并给当时控制市场的主导力量添砖加瓦。我的精神和情绪状态与我对利润的渴望直接冲突，我唯一的选择就是：要么现在平仓，要么冒更大亏损的风险。如果我"耐心等待"，我就是在试图预测市场将出现反转，最终会让我在交易中获利（从而使最初持有未平仓交易利润的空头成为亏损者）。

　　但是，所有这些想法或情绪都出现在我的脑海里，与推动市场的因素毫无关系。为了使价格上涨或下跌，市场的那一方必须有更多的指令。只有当买入指令多于卖出指令时，价格才会上涨。只有当卖出指令多于买入指令时，价格才会下降。指令流如何影响我的账户余额或我的情绪状态，与市场的净指令处理功能无关。当你试图在零和交易市场中察觉到的任何机会中获利时，只需站到有盈利潜力的净指令流一方，从那一刻开始，直到你平仓为止。如果你站到有亏损风险的净指令流一方，你将遭遇一笔未平仓交易亏损，直到你平仓为止。

　　在这段时间里，交易者的想法不会以任何方式影响市场，它只会以某种方式影响交易者控制的净余额。这就是为什么交易者必须遵从规则且明白如何遵守规则。交易者只有在进入正确的仓位之后，才能确定自己是否站在了有盈利潜力的净指令流一方。

需要记住的重要一点是，大多数交易者在工作中都存在一种情绪压力，这将影响他们对价格走势的认知能力。他们都希望在交易中获胜，但在大多数情况下，他们将不得不考虑亏损平仓。交易中所有的情绪或心理压力都可以归结为一句话："我什么时候退出？"因为坚守盈利头寸的人在市场上领先，比亏损交易者承受的压力要小。在大多数情况下，当遭遇亏损的痛苦对亏损交易者来说太大的时候，他就会向获利的方向平仓。举一个简单的例子：当更多的买入指令超过卖出指令时，市场会缓慢走高，直到触及市场之上的、由持有亏损头寸的卖方设定的买入止损点。于是，市场会在买盘压力下进一步发展。

以上描述的价格走势背景与市场研究、风险控制、交易系统或技术分析毫无关系。它只与这样一个事实有关：如果你要入市，你就有可能处于有亏损风险的净指令流一方。这对交易者的情绪有什么影响？他会怎么做？你会怎么做？因为你不可能在零和市场中持续获利（除非你处于有盈利潜力的净指令流一方），你的整个分析和交易计划必须考虑到使用某种方法来确定指令流的仓位，以及如果你陷入有亏损风险的净指令流一方时该怎么办。削减亏损的问题，本质上是要寻找一些方法来消除任何由亏损交易所造成的情感冲突，这样，如果你处于有亏损风险的净指令流一方，你就会毫不犹豫地避开实际的指令流。不管你寻找交易机会的独特方法是什么，你参与交易的方式之一就是必须回答这样一个问题："指令流在哪里？"

大多数关于净交易者的表现的研究都得出了一个必然的结论，即大约90%的交易者会在净亏损的情况下关闭自己的账户。这些交易者都没有料到会亏损，但真的亏损了。他们的亏损源头之一，就是当市场走势对他们不利时，他们头脑中产生的情绪冲突对他们的执行施加了压力。每个交易者都有过这样的挫败感：最终认输并平仓，结果却看到市场在不久之后发生了反转，如果他当时留在市场的话，价格会朝着有利的方向发展。市场的真相是，指令流只是在一个方向上枯竭，然后转向另一个方向。于是，该特定交易者的账户出现了净亏损。他现在非常渴望在下一笔交易中"安然度过"，直到价格最终回升。当然，如果这一次没有如愿，将导致他的账户全额亏损。只要有一次不能"安然度过"，他就会落入"全军覆没"的下场。

为了避免成为亏损交易者，为了掌握成功的投机型股市游戏规则，交易者必须知道，在确定一个交易机会时，真正需要利用什么契机。交易时务必接纳"指令流在哪里"的视角并进行相应的交易。当偏离有盈利潜力的净指令流一方时，必须想出办法来摆脱困境。你所能做的一切分析或研究，都必须回答这两个核心问题。

为了吃透股市的游戏规则，你可以假设大多数交易者都不知道他们在玩什么游戏。大约80%~90%的价格走势只是亏损者在平仓他们的亏损交易。每天开始交易前，先问问自己这个问题："亏损者在哪里？"

归根结底，你玩的游戏就是"打败亏损者"。伟大的交易者J.P.摩根（J.P.Morgan）说得好："没有意识到市场上有傻瓜的交易者，很可能就是市场上的那个傻瓜。"

规则2
制订交易计划

如果你不做计划，那就是在计划失败。

——古老的智慧

我有幸看到了交易行业中几乎所有的小门道。我遇到过一些非常著名的交易者，以及商界或金融界的大人物。我去过几个交易大厅，多次参观交易场所，与一些非常成功的市场参与者并肩工作，目睹了一切"巨灾""混乱""畅销"以及新手可能犯的金融错误。我问遍了一切对的问题，也把所有错的问题问了个遍。根据经验，我不得不说，在大多数领域，净盈利交易者和净亏损交易者之间，几乎没有什么关键区别。他们都对基本市场的基本原理了如指掌，懂得运用扎实的技术分析或某种形式的研究，还将海量的个人戒律付诸实施。

在所有条件相同的情况下，净盈利者和净亏损者的区别在于，净盈利者除了其他技能之外，还有一个交易计划。净盈利者知道，他面对的不仅是市场和竞争对手，还有他自己。为了防止一不小心把自己"杀得片甲不留"，净盈利者制订了一个交易计划。

交易计划不同于交易系统。交易系统旨在发现市场中的不平等，并提供比其他时候更好的买入或卖出指令。交易计划会考虑到之后会发生什么。一旦我们确定了我们认为的机遇，那么，从那以后，我们如何参与的问题才是关键。如果你将交易计划视为与强大市场同在的关键元素，它会更好地处理和完善系统化方法。

交易计划解决的是你能彻底控制的交易部分。例如，何时何地进行市场研究或分析；何时何地输入或移除止损指令；你不妨来一次"交易暂停"。基本上，任何涉及你是否采取行动的事情，都独立于实际市场本身，这在交易计划里写得很清楚。

交易系统的设计只是为了利用市场中可认知到的不平等现象，但它永远不可能100%准确，也不可能在交易时间框架内准确地找到每一个潜在的"上限"或"下限"。如果一个系统能够做到这一点，那就无须对规则进行其他讨论了。一旦执行交易，并将自己置于危险之中，你就进入了系统的概率和局限性的区域。作为个人，你不能扩大对价格走势的控制，你只能控制自己利用价格走势或参与价格行动的方式。一旦交易完成，可以说"木已成舟"了。那时你是输是赢，完全脱离了你的控制范围。

因为你的系统不能即时找到每一个可以获利的反转之处，所以你需要一个交易计划，以免作为交易者的你变得鲁莽或把自己置于低盈利的交易中。交易计划还可以在你的交易遭遇意外时指导你该怎么办。此外，交易计划需要处理你特定的交易优势和劣势，而且绝不会削弱系统化方法论的必要性，也不会取而代之。

你可以100%遵循自己的交易计划，因为它是你的规则总和的创造性表达，它控制着你的行为，而你的行为取决于你遵守纪律和规则的意愿。你的交易系统可能永远不会有超过55%的预测成功率，但你可以100%地遵循你的交易计划规则。当你的交易系统出错时，你的交易计划会帮助你将亏损降到最低。当你的交易系统正确时，你的交易计划将帮助你获得最大的收益。

一份合格的交易计划既简洁又灵活。它根据需要去适应市场条件，核心宗旨是保护交易者。你可以把交易系统看作是战略性的，而把交易计划看作是战术性的。用军事比喻来说，"赢得战争"是目标，如果战略是找到敌人的弱点，战术就是如何利用这个弱点。

你可以把交易系统或者方法论看作一种战略性的尝试，这样总能找到市场的弱点并加以利用。你的交易计划更像是对实时变化状况所做出的"如果……那么"的战术反应，随着交易的发展，你会了解到更多关于交易潜力的信息。你的交易系统旨在帮助你找到优势；你的交易计划旨在帮助你保持优势，或者在某个特定时刻意识到你没有优势。

你的交易计划就是你使用交易规则的地方，拥有它会放大你的获利优势。毫无疑问的是，赢得"交易战争"需要战略和战术，有时战术能拯救战略，有时战略不需要什么战术。了解这种平衡也很重要，因为正如我们将在后文中讨论的，一切市场分析都有战略优势，但也有战略局限性。你的交易计划给了你战术上的优势，让你知道哪种策略最有效、在什么条件下会奏效，以及你最初可能采取的最佳行动是什么。你的交易计划还会一如既往地把你的优势推向越来越具盈利能力的仓位。当然，我们的主要目标是止损和增长利润。

如何制订合理的交易计划

每个交易者在制订合理的交易计划时都必须做出几个关键的区分。在本书中，我们将详细讨论每条规则的某些关键点，但也有些需要关注的原始规则，可以协助你着手创建自己独特的交易计划。首先，假如你损失了太多的交易资本，你就暂时不能参与交易了，你需要优先考虑如何在亏损时尽量减少参与。这和止损是两码事。止损是你交易系统的使命之一，当你经历了大量亏损之后，是时候三思而后行了。你得弄明白，你使用的系统或方法是否正确。你的交易计划任务之一就是定期评估你是否以某种方式篡改了交易系统。你是否在接收交易系统无法接受的交易？你是否在犹豫要不要接收每一个信号？里面有没有你等了很久才"姗姗来迟"的交易呢？

一份靠谱的交易计划是帮助交易者集中注意力的指导方针。你没有保持最佳交易焦点的第一个也是最好的线索，就是一系列超出交易系统可能性范围的亏损。此时，作为交易者，你必须决定，当你经历无规律的资金回挫时，你的规则是什么。你要采取一些更好的做法，比如，退一步，观察市场本身是否不再符合交易系统或方法论的运作模式。假设市场不再沿袭当前的趋势，你是否在使用趋势跟踪战略？在盘整期间，趋势跟踪系统将被肢解。在这种情况下，你有什么计划来改变战术呢？只有你才能彻底搞清楚这个问题，但你的交易计划的主题必须考虑"如果"的情况（如果……将会怎么样），即市场质量已经发生了翻天覆地的变化，也降低了你的交易系统运行的可能性。你的交易计划的一部分，就是要有一种置身事外的方法。

每个交易者的"交易人生"中都会经历这样的时候——他们做的最糟糕的事情可能就是参与了交易。你的交易计划应该考虑到，外界的生活问题或压力可能会影响你的交易能力。当你的情绪不好或思维敏锐度在下降时，你能做些什么来保护自己呢？当你无法控制自己的注意力时，你就有可能站在错误的时间点，错失了关于市场结构的关键信息，从而造成亏损。你的交易计划必须满足你的个人和情感需求，以及你所承担的财务风险。不管你在市场上表现如何，时不时地计划一下常规的"交易暂停"时间，也许是个好主意。如果你正在计划人生中的重大事件，比如结婚或送你的孩子第一次上大学，你的交易计划应该以一种能防止你变得粗心大意的方式来满足这些需求。所有的交易者都会在某一时刻受到某些东西的干扰，如果他们在那个时刻继续交易，大多数情况下，紧张或压力会对他们的交易选择和执行产生负面影响。

每个人都听说过有人在彩票开奖中赚了一大笔钱的喜事。突然地，在没有任何事先警告的情况下，某些幸运儿拥有了数百万美元的现金。由于对中奖的好事完全没有心理准备，许多人在使用这笔巨款时犯了严重的财务错误，最终，他们的财务状况比中奖之前更糟糕。你的交易计划还应该说明，如果你在某一时刻收入乐观，你该如何更好地参与交易。高度的财务成功可能会对交易者产生负面影响，就像产生巨额亏损一样轻而易举地侵蚀交易者。

为了确保持续的成功，明智的做法就是想方设法地减少参与，直到你在精神和情感上可以驾驭那笔彩票收入。你也许会想当然地认为，你可以轻易复制你的成功因素和成功规模，并使其成为你永远的交易状态。这种情况经常发生在没有什么经验的新交易者身上，他们很无知，只是运气好。他们意外地赚取了大量现金，并将其与真正的交易技巧混为一谈——或者更糟的是，他们认为自己找到了完美的交易系统。只要稍不留神，他们的技能缺失将导致"全额归还，最多加点"。此外，这样的交易者对市场质量的变化并不敏感，他的交易系统也不再有效，至于什么时候会重新奏效，他的心中更是迷茫。你的交易计划应该指出，当你已经遥遥领先，可能会给自己带来麻烦时，你该怎么做。换句话说，如果你的钱比你想象的要多，你该怎么办？

如果你沿着以上思路思考，你就会得出这样的结论：我们在这里讨论的一切规则，作为一个整体，就是你的交易计划的源头。归根结底，当你需要控制自己的行为时，你的交易计划会反映你适当使用规则的意愿。你的交易规则可以改变，你的交易计划可以继续发展，但你是否愿意把你的收支总账和你的交易系统看得一样重要，这是制订有效交易计划的关键。下面是一个我认为写得很好的交易计划的例子。

我的目标是在今年年底前，从我的股权交易中赚取100%的利润。为了保持专注，我每个季度都会设定一个短期目标，让自己的收益达到25%，并且每天绘制我的资产图。如果我在本季度的最后一个交易日之前完成了季度目标，我会设定两天的"交易暂停"。我将持有任何盈利的未平仓头寸，但对于任何未平仓交易亏损的头寸，我会在休息前将其平仓。

如果我的未平仓交易收益持续到新季度，我将在那些获利的头寸上增加25%。我会提高我的保护性止损，以减少我在整个仓位上的曝光度。

如果我没有完成本季度的交易目标，我会设定五天的"交易暂停"。我会重新评估我的交易系统，并扪心自问："我的交易市场质量是否已经改变，并导致我的交易系统无法达到最佳状态？"

在这一年里，我不会在三个以上市场交易。我知道，我不能同时专注于三个以上的交易市场。如果我在三个市场中的任何一个市场连续亏损四次以上，我会设定五天的"交易暂停"。同样，我会让其他市场的空头盈利者独自持仓，但将所有亏损仓位平仓。我将再次开启保护性止损，以降低我的风险。

当我"交易暂停"的时候，如果市场在此期间走高而我却无法获利，我将输入休息限制指令，以获取目标利润。

无论什么时候提前完成了当年的计划，我都会设定一次"交易暂停"。我会从我的账户中取出30%的新股本，并把它放到一个安全的地方。如果亏损了，我在任何情况下都不会增加股本。如果我的高净值下降了40%，我将在当年退出股市。

我会在交易日志中记录我的每日交易活动，并且每周回顾一次。我会清楚我的比率和结果，我会期望每个季度提高5%。

我只会从牛市方向进行交易，因为我的分析告诉我，我所选择的三个市场都经历了一年多稳健的看涨基本面。今年我将学习如何使用期权，因为我发现，从去年开始，如果我能牢牢把握何时使用期权、何时不使用期权，我就可以保护更多的交易。我每周会花两个小时学习期权知识。

我儿子五月份要去欧洲。我不会在他离开前一周或者后一周交易。我计划秋季和他一起参加为期一周的慕尼黑啤酒节，在我离开前和回来前的三天都不交易。我知道，我有"时差综合征"，所以，回来后的一周，我不在最佳状态。我已经在交易日程表上划掉了这些时间，反正我也不想再去交易了。

　　这是我的一个做电子迷你期货的朋友写的交易计划。他使用简单的技术手段，却拥有非常彻底的风险控制方法。他的交易计划强调了100%的个人自律。请注意，计划中没有提到他使用的技术方法。技术方法就是他的策略。他的计划规定了如何最大化他的利益——他个人需要的战术优势。

　　当你制订自己的交易计划时，请记住，无论你如何细分和系统化你的交易计划，它都不会让你成为百分百的盈利者。你唯一能百分之百控制的事情，就是你的参与。你的交易计划应该专注于你的参与，而不是你的执行。

规则3
从概率的角度思考

意外之军的埋伏无处不在。因此，生命的骑士在奔跑时需要将缰绳放松一些……

——哈菲兹（Hafiz）

因为在我们生活的世界里，有些事情似乎很平常，也"很正常"，所以我们在日常生活中产生了一种更强烈的"确定感"。即我们日常生活的世界是自然的，事物就是这样的。我们中的一些人已经习惯了这种感觉，而我们中的另一些人则不顾一切地去做一些事情（甚至任何事情），以摆脱平凡的束缚。

当意想不到的事情发生时，我们常常会觉得事情发生了变化，但这通常被认为是暂时的。通常情况下，事物的真正随机性并不那么明显，以至于我们无法意识到任何事情都可能在任何时候发生，而我们每天每时每刻都处于这样的危险之中。例如，因为大多数人一生中可能只会遭遇一次车祸，所以每天开车的风险似乎很低。如果真的发生了车祸，我们会认为这是一个随机事件，是偶然发生的。我们之所以有这种感觉，是因为我们通常每天都开车，但不曾发生事故。我们逐渐感觉到，更确定的是，每天都会过去，没有偶然事件发生在我们身上。如果真的发生了，我们认为这是意外。

事实是，大多数人因为没有把自己的行为和接下来要发生的事情联系起来，所以他们发现自己身处"意外"之中。例如，大多数酒后驾车的人不认为问题完全出在自己身上，但正是他们的判断力受损，增加了看似偶然的事件发生在他们身上的概率。因为他们在95%的情况下是清醒驾驶的，没有发生事故，他们没有意识到，在他们不清醒的那5%的时间里，之前的95%的成功率现在都"无效"。游戏规则已经改变了。他们处在一个完全不同的环境中，与以前的确定环境完全没有相似之处。

我们的错误并不在于我们对现实的认知，而在于我们对概率的本质的理解上，它每天每时每刻都在影响我们。生活中很少有事情是确定的，事实上，有些事情会发生在我们每个人身上，也许在我们的生活中只会发生一次，这并不能改变它们每天都会发生在某个人身上的概率。

事实上，整个保险精算业就是试图分析如何最好地将事件的风险分散到尽可能多的人身上。保险公司通过这种方式稀释风险来赚钱，而他们最好的做法就是向那些几乎肯定不会发生事故的人提供保单。例如，活跃的戴水肺潜水员在生活中支付更多保险费的原因是，每年有一定比例的戴水肺潜水员会溺水。如果不进行戴水肺潜水，意外溺水的风险会降低。因此，保费也较低。但事实是，今年会有人溺水，而这些人中会有一定比例的戴水肺潜水员。如果问潜水者他们对这种风险有什么看法，他们所有人都会肯定地说："不是我……我潜水的时候不会做傻事！"那些潜水者都有一种确定感——"溺水的惨事不会发生在我身上"。

当我们开始交易时，关于确定性和概率的认知问题就完全改变了。我们离开了通常以某种方式运作的舒适世界，进入一个真正随机的、意想不到的事情随时可能发生的世界。这些事件是不可预测的，并不是因为交易市场无法定义，也不是因为价格走势莫名其妙且难以解释，而是因为作为个体交易者，我们不可能在任何时候都知道市场的一切；因此我们有一定的风险。减少这种风险并不在于更多地学习或掌握更多的知识，而是要了解概率问题。

一切试图从交易中获利的尝试，实际上都是对未来价格走势的好的猜测。你的方法是什么，或者你最终选择哪种技术或基本方法作为适合你的风险/回报系统的正确组合，其实并不重要。因为交易市场包含了风险和不确定性，所以在交易发生之前，不可能确切地知道任何一笔交易最终将如何通过价格走势发挥作用。市场是无法定义的，无论交易前分析或研究的深度或范围如何，总有可能价格不沿着事先预设的方向移动或不遵循你想交易的时间框架。华尔街和拉塞尔街到处都是交易者，他们遭遇了进入过早、等待太久、出局过早、入市太晚，等等。所有这些结果，无论是小利润、无利润，还是小亏损、大亏损，都只是因为所依赖的系统化方法已经达到了其特有的极限或者交易者未能意识到这个极限。它们都是"好的猜测"的产物，这意味着它们不能100%奏效。

你在进入交易之前将自己的选择范围缩小到"最佳概率"内，需要做到以下几个方面。如果你已经根据你的交易计划对总体情况做了适当的评估，那么，将会有一个交易价格更有利于入市的时间点，并将沿着事先预设好的方向移动。等待那个点位，然后立即下手，这是你的最佳选择，但那个点位在哪里呢？

当我们进入交易时，我们不知道我们操作的点位是否在最佳价格区间内，要过一段时间才能找到答案。为了更好地掌握进入的节奏，你可以设想几个"如果……那么"场景，然后问问自己哪种设想更可行。

举个例子。当市场出现牛市倾向时，我们可以从假设开始："如果整体情况看涨，交易人群跟随市场而动，那么，价格就会上涨。"我知道这听起来过于简单，让我们来看看这样一个简单陈述中包含的各种心理因素，以及它在日常价格行为中发挥的作用。

　　如果目前的价格仍在下跌，这意味着，要么大多数交易者认为大盘没有呈牛市状态，空头力量仍然控制着市场，要么多空双方的交易者都在寻找净指令流提供的机会。由于在大多数情况下，大多数交易者无法提前看到市场情况的变化，因此他们不会在市场走低时建仓买进，也不会持仓等待市场走势改变而从中获得最大收益，于是我们可以假定，大多数交易者要么仍然看空市场，等待在空头一边采取行动，要么在多空两边同时下手，期待分散风险，提高账户余额。但就你而言，在市场走低时买入是有一定风险的；因此有一条古老的规则："不要选择逃顶或抄底。"

　　对一笔交易来说，风险最低的最佳交易位置是在顶部或底部，但要找到这个位置就需要考虑概率问题。如果你知道市场已经触底，并且愿意设想市场变为牛市，你会希望就按目前的价格进行交易。市场迟早会触底，这是肯定的，但是，当前的底部是虚是实，还不知道呢！无论你做什么样的研究或分析，你都不可能知道确切的情况，所以你必须考虑概率问题。

　　我们来看一个例子，如图3.1所示，价格总体走势呈横向波动趋势。这意味着多空双方的力量大致相当，因为除非一方或另一方有更多的净指令，否则市场无法稳步上涨或下跌。此时此刻，做空市场的交易者和做多市场的交易者看到的是两个相反的情况。对于空头来说，他的风险在增加，因为价格行为缺乏新的利润增长因素。他要么斩仓出局，要么持仓等待市场走势恢复。对于潜在的多头来说，在市场走势的改变最终到来之前，价格越低，入市机会就越好。市场价格不下跌的时间越长，捕捉真正底部的可能性就越大。

图3.1 截至2005年12月，"芝加哥期货交易所玉米期货合约"（7月份交割）

在这两种情况下，无论双方何时决定下手，输入买入指令都是他们唯一的选择。这些买入指令被早期的多头吸收了，这是个良性暗示，因为他们原本是想卖出的。如果买盘大多是后期（旧的）空头平仓，将导致未平仓量的下降。想卖出的交易者正在改变主意。图3.2很好地说明了这一点。请注意，玉米价格在达到成交量最高点之后，未平仓持仓量也下降，价格走向趋于平稳。

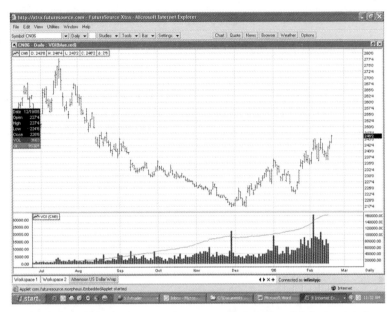

图3.2 截至2006年4月，"芝加哥期货交易所玉米期货合约"（7月份交割）

对成交量/未平仓量（V/OI）的研究是一个完全独立于概率思维之外的心理学问题。如果你认为市场将朝着牛市发展，你知道大多数交易者看空市场，或者价格仍在走低，那么你知道，市场走向变化迟早会来临，因为期望玉米价格跌至零是不合理的。在零和目前市价之间的某个地方，将会出现**"底部价格"**。更有可能的情况是，当没有人愿意再卖出时，**底部价格**正在形成。就空头而言，价格再跌的风险太大。对于看多市场的交易者而言，价格走势越低，他们的风险就越小，在某个时刻，他们会简单地说："哇！那个市场在贱价抛售！"然后开始买入。如果这种情况发展到买入指令（新多头入市，老空头退市）与卖出指令（新空头入市，老多头退市）持平，未平仓量将下降，底部价格形成的概率将上升，因为唯一面临风险的就是持有盈利头寸的空头们。太晚入市做空的空头们，反正是亏定了，所以不在我们的讨论范围之内。

当这两种对立的观点真正起作用时，你就有可能在该价格区间"触底"。V/OI比率是一个好指标。作为考虑概率的交易者，你唯一的问题就是：随着时间的推移，市场将如何向前发展？无论如何，市场迟早会触底。如果你想在市场走势变化时站在盈利一方，你务必问问自己，市场走势在什么时候、什么地方最有可能发生变化，你要关注的不是价格问题，而是价格背后的心理因素。

你所做的每一种交易选择背后都有同样的心理学因素在支撑。鉴于你对市场中多空双方带来的压力的理解，你在寻找最有可能的情况。如果你的时间框架较短或较长，在你进行交易分析时，仍然有一个更可能的情况需要考虑。你需要视之为你的交易计划的一部分，因为一份灵活的交易计划要考虑到某些事情发生变化的可能性。作为交易者，你的目标是走阻力最小的路线，这是一个概率因素，与分析无关。

我发现，在挖掘交易的真正潜力时，最好的办法就是从双方的角度进行讨论。我会不停地问一些问题：谁赚钱？谁亏钱？是什么让双方都退市？什么会导致处于牛市或熊市的交易者平仓？是什么让他们承认自己的仓位太满？接下来的大问题是：哪种可能性更大？

　　询问这些，不是为了得出一个绝对的结论，而是为了揭示未来市场的最佳潜能，因为你作为交易者，拥有更多的选择余地。随着时间的推移，交易选择过程变得越来越好，你会发现，对你个人来说，某些交易更适合你。如果考虑概率问题，你可以不进行前景渺茫的交易，以降低亏损的概率，而当你进行前景乐观的交易时，你可以提升让利润飙升的潜能。你不能未卜先知，但你可以捕捉到某笔交易的进展胜过其他交易。

　　此时此刻，大家各就各位，持仓等待吧。

规则4
弄清楚你的时间框架

做错误的事情，无须正确的方法。

——佚名

如果不就交易的时间框架问题进行一些探讨，任何关于交易的讨论都是不完整的。作为交易者的你、你的交易计划、你的交易方法以及时间长短，所有这些确认或否认盈利机会存在的变量之间都存在着某种联系。并不是所有的方法都能在所有的时间框架内发挥作用，如果你并不十分了解自己的决策过程，你可能会倾向于使用一个与你的自然时间框架并不兼容的系统。

每个人都有自己最佳运作的自然时间框架。所谓自然时间框架，指的是你个人得出结论并付诸行动所需的时间。如果你的事先判断是正确的，那么，你在参与交易市场时就必须得出这样的结论：相对于市场最终会达到的某个价格而言，这些交易价格过高或过低了。在你得出这个结论之后，你就要付诸行动。这取决于你的个性、你的风险承受能力、你以前的成功或失败经历、你的受教育程度，等等。你个人所需的时间可能会有所不同，这就是存在无数不同交易方式的原因。

对大多数交易者而言，他们不会立即意识到，在准备入市时，最初听起来不错或有意义的东西，可能与他们的自然时间框架不兼容。如果这种冲突发生了，那么遵守系统的规则就会很困难，试图创建交易计划也会很困难，因为这些事情与个人交易者的独特个性不协调。

选择最适合你的方法和学会良性应用交易规则的第一步就是要选择一个与你的性格相配的交易时间框架。如果你喜欢从多个角度考虑问题，然后在做出决定之前再考虑一晚上，那么，延长交易时间可能会更好，也许是几周或几个月。如果你是一个能够快速做出决定并且反应敏捷的人，那么，缩短时间对你来说可能是最好的选择。大多数交易者会经历很多不同的交易方法和交易系统，不是因为他们没有找到合适的交易方法，而是因为他们没有找到适合自己的交易方法。在许多情况下，合适的时间框架就是一个主要因素。

大多数交易者从较短的时间框架开始交易，然后逐渐扩展到较长的时间框架。这部分是由于缺乏经验，部分是由于恐惧。因为盈利或亏损就在一瞬间发生，有时似乎是随机的，对新交易者来说，较短的时间框架很有吸引力，因为它限制了他们在学习保持或发展市场交易时所感受到的初始压力。一些交易者认为，交易是完全随机的事件，因此他们必须在较短的时间框架之内进行操作，比如几分钟。还一些交易者则认为，市场早晚会反映实际的供需机制，他们将日间或日内的市场波动视为"随机小插曲"。他们每次持仓的时间会持续几个月。

如果交易者选择从太短的时间框架开始，他通常会觉得事情进展得太快了，他往往会在进入时刻犹豫不决，想在入市之前寻找确定的信息。即使是小幅下跌也会令他沮丧，因为亏损发生得太快，市场往往会很快回到入市价格。如果交易者根据自己的性格选择了太长的时间框架，那么，在几天或几周内等待交易成功的无聊感会导致爆仓或盲目操作。每天看着几千美元进出市场的挫败感会导致对亏损的恐惧感，他们通常会在获得最大利益之前仓促平仓，因为要达到这个目标需要等太长的时间。

如果你个人在这个时间点交易时正经历着高度的情绪冲突，你可以做很多事情来消除这种压力，考虑你是否正在尝试一个与你的个性不相配的时间框架。此外，如果你对一笔交易应该在某个时间段之内盈利抱有很高的期望，结果却让你失望，那么你可能使用了错误的时间框架。这两种体验都是很好的警示，说明你没有在自然时间框架内进行交易。

争取和时间框架相吻合

为什么自然时间框架和交易时间框架需要吻合呢？答案很简单，因为这就是市场本身的结构。每个交易者都是在由偏见、假设、预期和情绪构成的独特世界中操作的。这些交易者入市时没有人会预期亏损。他们（包括你）都希望自己的交易在入市时"立刻"赚钱。

为了让某笔交易赚钱或赔钱，必须要经过一定的时间，而每个交易者都只能给这笔交易留出这么多的时间。从入市到退市的操作时间是交易者实际操作的时间框架，但这往往不是他为自己计划的时间框架。

由于大多数交易者都在经历亏损，对他们的交易有一种依附情结，而且在任何一笔交易亏损时都会感到失望，所以他们容易在违背预期的时间框架内做出冲动决定。他们都期望自己的交易可以"立刻"赚钱，但如果"立刻"的概念不是很清楚，那么，该笔交易发挥其真正潜力所需的时间就不清楚了。如果"立刻"发生的价格波动不如交易者期望或计划的那样，他们的操作就会失去控制，因为市场上的价格波动影响了他的行动意愿。该交易者并没有选择利用价格，而是任由价格操纵自己。

关于"立刻"的概念，下面举一个简单的例子。某位擅长长线操作的交易者连续几周持有对自己不利的头寸。例如，该交易者预期价格会上涨，他愿意用几个月来等待时机，他可能会在以周为交易时间框架的时间框架内买进（观察周K线）。他知道，通常不可能预测到市场会在哪天或哪个时间点出现实际的价格反转，但他也知道，一旦他预测到了，他的仓位就会在价格上涨的最佳区域附近。他可能会继续买进，并计划在未来六个星期内买进更多头寸。他甚至可能以低于初始价格的价格买进部分头寸，因为他对自己的分析和交易计划有足够的信心，相信自己能够把资金用在这方面。他可能已经向自己承诺，无论如何都要持仓等待，直到某个特定的日期，因为如果到那时还没有发生好事，交易的盈利潜力就会下降。对于该交易者来说，在这个时间框架之内，他当初买进后的第二天发生了什么并不重要，他可能认为那只是"随机小插曲"。他心中的交易概念"立刻"指的是"六个星期"。

现在看看同一市场的交易者在熊市会怎么做。他可能将每周价格高点视为市场做空的好机会，但他使用的时间框架是以小时为交易时间框架的，并无意在周末持仓。在市场交易达到每周高点之后，他可能会等上六个小时，才能确定本周高点在哪里，然后才入市做空，如果交易在当天闭市前没有盈利，他就会平仓。该交易者的"立刻"意味着，时间框架是两个小时。此外，如果交易具有盈利能力，他将在很短的时间内（周末前）退市。

在这两种情况下，不管交易者在哪个时间框架之内执行，净指令流迟早会影响他们的头寸。在一种情况下，需要几周的时间来对交易者的思维施加相应的压力，促成产生更成熟的想法。在另一种情况下，只需要几个小时。市场在未来三个月的最终价格可能不会影响以小时为交易框架的交易者，他会有很多机会，因为他会在相应的时间框架之内进行界定。以周为交易时间框架的交易者可能会看到完全不同的情形。然而，两种交易者都在同一个市场上执行交易，并且都据此对价格行为施加压力。

你是哪种交易者

了解你个人的时间框架，是你的交易方法的一个必要部分，因为唯一能给你带来利润的事情就是在你个人的时间框架内与指令流保持一致。如果你是以小时为交易时间框架的交易者，那么，把自己放在以周为交易时间框架的交易者对面建仓是不明智的。后者的指令流变化需要更长时间，而且只会在出现更大幅度的价格波动时平仓。如果你选择做空，而对方是以周为交易时间框架的交易者，那么无论市场是涨是跌，他都愿意持仓更长时间。他不会在你想建仓卖出的时候选择平仓卖出亏损头寸。你200美元一份合约的建仓头寸，对他来说只是随机小插曲。因此，如果你的交易在几个小时内未盈利，你想平仓，他也不会卖出他的盈利头寸，他打算持仓数月。

当然，这是对价格走势的过度简化，在任何一个活跃的市场，多空两边都会有大量的指令。但关键是，不同的时间框架是相互竞争的，一个时间框架的意图并不总是与另一个时间框架的意图一样。你最好的交易发生在你自己的时间框架与当前控制市场的时间框架相吻合的时候。如果情况有变，你的交易就玩完了。

在特定的时间框架内，要制订健全的交易计划和赢得强大的市场表现，一定程度上需要你知道如何在和指令流同一方向的情况下建仓。要做到这一点，你必须在开始交易之前知道你的时间框架是什么。如果你不愿意持仓超过一定的时间，你的交易系统或方法必须与该时间框架兼容。如果你不打算持仓足够长的时间来从市场走势中获利，就不要根据"趋势跟踪方法"买进。相反，也许你应该考虑采用"波动性方法"，它会在更短的时间内发出平仓的信号。

这里有一点经验之谈：你的时间框架应该反映你持有盈利头寸的意愿，而不是你的风险承受力。所有系统化的方法或办法体系都必须具备快速止损的有效方法，但交易盈利时你是否继续持仓，这要看你的时间框架。如果你的时间框架是一天，那么，该交易有多少天的盈利潜力呢？一旦你了解了自己的时间框架，你就可以更好地持仓，因为所有的时间框架都需要一段时间来充分发挥自身潜能。很有可能这段时间和你的自然倾向一致，如此，你就可以让交易在你个人的、自然的时间框架之下，朝着有利于你的方向发展。

为了确定理想的时间框架，我发现"三倍"的时间效果最好。如果你以周为交易时间框架操作，你可以预计你的盈利潜力需要三周左右的时间来展开（假定你一开始的预测就是正确的）。如果你以15分钟为交易时间框架操作，你的盈利潜力需要45分钟左右的时间来展开。当然，你的时间框架不可能预测所有交易的盈利潜力，但这不是真正的问题。无论你的时间框架多长，每笔交易在一段时间后，盈利潜力的"盈余"都会下降，交易可盈利值超出你的目标多远，这属于使用多元时间框架的问题（参见规则12）。

但在所有情况下，无论你选择使用哪种时间框架，都要问问自己，这种交易方法和时间框架是否让你感到舒服。如果你不喜欢快速决策，那么，每天提供几种潜在盈利交易的短时间框架可能对你不太有效。如果你不能坐等事情发生，那么，需要几个月的长时间框架（比如一个严重偏向市场要素的系统）可能不适合你。

重要的是要记住：当你选择你的时间框架时，止损只是其中的一部分。迟早你会与指令流处于同一方向，当这一时刻来临时，你需要知道，让交易发挥潜力需要足够的时间。你的时间框架是其中重要的一部分。

Trading Rules that Work:

The 28 Essential Lessons Every
Trader Must Master

第二部分　止损

高效期货交易规则

▼ 规则5
界定风险

不冒险必定会导致失败。如果你不冒险，风险最终会来找你。根本没有办法可以规避风险。如果你迟迟不敢迎接风险，最终，你要么无奈地吞下苦果，要么毫无准备地承担风险。

——大卫·威斯科特（David Viscott）

《商品交易者年鉴　1989 年》（*Commodity Trader's Almanac，1989*）

我认为，作为一名交易者，最重要的技能是冷静地止损。对你个人来说得出结论最好的方法并不重要，重要的是你有方法去做，并且持续下去。在所有必须要避免的交易陷阱中，最容易让交易者崩溃的一个陷阱就是不知道和不承认交易预测是行不通的，也是不可能奏效的。认识到这一点，比说这些话更有意义："我承认我错了""我相信我可以等一段时间再决定做什么""我会采取必要的措施，直到情况好转"。当你手中的期货价值缩水时，还有很多同样的方法可以为你的不作为辩护。

亏损交易发生的唯一原因是，在那个时刻，你搞错了指令流的方向。"站错队"的事情是如何发生的，或者你当时对自己说了什么，其实都不重要，重要的是你在赔钱。只要你还留在错误的队列中，你的亏损就会继续增长，直到你被强制平仓（交易所通知你补交保证金或更糟的情况），或者当亏损的痛苦对你造成巨大影响时，你会在忍无可忍时选择平仓。在所有亏损巨大且难以承受的情况下，当交易者对自己的操作失去控制时，就会仓促平仓。现在交易账户中的结果被交易所、经纪人、保证金管理员，或者你避免痛苦情绪的个人需求控制着。当你失去对平仓操作的控制时，最糟糕的亏损总是会发生。

对自己的钱失去控制的情况不是交易问题。这是一个更深层次的问题，其根源是交易者的个人心理因素。无论根本问题是什么，你都必须做好充分的应对准备，以防潜在的根本问题"抢走"你的钱。作为一个交易者，你迟早会打破一条规则"界定风险"，没有它你就无法成功交易。如果你在交易时没有明确自己的亏损风险，那么你迟早会发现自己处于一个你毫无准备的交易环境，你的钱正在以"超音速"离开你的账户。为了避免这种可能性，你必须掌握这条最重要的交易规则：界定风险。

"界定风险"意味着什么？在我看来，这并不像仅仅进入一个保护性的止损指令那么简单，尽管这是不言而喻的（我在规则6中提到了止损）。"界定风险"是你的个性和个人技能的因素之一。界定风险不应该仅仅包括每笔交易的现金风险，还应该被视为你的整体市场表现和参与意愿的一部分。

　　不是每个交易者都适合所有的市场条件，更不用说适合所有的市场机会了。举个例子，仅仅因为你拥有一家加油站，并且每天都密切参与汽油的买卖，并不意味着你会立刻清楚在纽约商品交易所（NYMEX）成功交易港口无铅汽油期货（HU）的一切重要条件。你也不会仅仅因为读了一篇关于"裂解价差"的简短论文，或参加了一个为期一天的关于"在能源期货交易中使用烛台分析法"的讲座，就立刻理解HU与原油之间的独特关系。许多交易者错误地认为，对个人业务的全面了解可以为他们利用价格走势提供足够的初始优势。没有比这更荒谬的了。事实上，情况往往恰恰相反，通常是因为交易者假设他的书本知识可以转移到交易中，因此不明白为什么自己的知识对自己的交易没有帮助。

　　在界定风险时，你应该问自己一个问题："我对某个交易市场到底了解多少？"如果你诚实地回答说："啥都不懂，真的！"那么，你需要对交易者关注的焦点和影响价格行为的因素进行基本的了解。举例来说，许多交易者惊讶地得知，专业外汇交易者往往忽略生产者价格指数（PPI）和消费者价格指数（CPI）的报告，尽管这两个市场在许多层面上密切相关。如果没有这些知识，新手交易者想进行外汇交易，可能他的选择会基于某些没有价值的地方，从而导致原本不会发生的风险。

　　作为一名交易者，明智的做法是寻找你能掌握的最佳市场表现，把你练就的真才实学作为降低风险策略的使命之一。你能诚实地说，你是你所在交易市场的专家吗？如果不能，界定风险的任务之一就是定期参加关于交易市场基础知识的进修课程。所有的市场都随着时间的推移而变化。去年奏效的办法，今年可能不会奏效。你要准备好长期温习和补充你的市场知识，因为界定风险的最佳方式通常是事先知道哪里可能是潜在的陷阱。

此外，界定风险可以包括评估你的个人财务状况，以及它给你的生活带来的压力。这不同于那句交易箴言"只用你赔得起的钱去交易"。例如，你刚从离婚的伤痛中恢复过来，有强烈的改善经济状况的需求，那些与市场不相关的情绪压力可能很容易渗透到你的交易操作中，而这些原因与交易的实际走向毫无关系。如果有人认为他可以通过交易来支付房屋贷款，并希望在短时间内从市场上赚到钱，那么，即使一点点小亏损，也可能将他置于更糟糕的境地。这些风险可能是非常真实的，因此，当你建立新头寸时，还应该仔细考虑实际的现金风险。

你的配偶或其他重要的人对你的交易欲望有何感受？也许你的配偶认为你是执着于大豆期货交易的疯子，也许你不打算告诉你的配偶你赔了，直到报税的时候，你需要杜撰一个故事来圆谎。想象一下，当时你们的关系有多紧张。也许你应该考虑一下你的配偶可能会有什么想法。许多交易者发现，他们交易的关键因素是一种自信，即他们得到了配偶的支持。有些交易者发现，与家人分享他们从市场赚来的财富给了他们更大的成就感。但许多交易者经常忽略的一个基本因素是，当家庭财务出现问题时，他们与配偶的日常关系可能会受到积极影响，也可能会受到消极影响。如果你是那些可能因家庭冲突而分散注意力的交易者之一，那么，配偶的全力支持，将帮助你更好地界定风险。

你要清楚的一件事是：一个人生命中的某些时刻会陷入分身乏术的境地，你的强烈情感和个人专注力相冲突。请对你交易的个人因素保持敏感，并且考虑到有时候你可能不在最佳状态，这些时候，你要么退市做个旁观者，要么在一段时间内减仓。

只要对你想交易的市场做了充分的准备，并对个人压力进行了充分的评估，确保你不会受到负面影响，就可以解决每个市场固有的金融风险问题。事实是，我们可能在下一笔交易中出错，我们可能不得不接受账户亏损的结果。没有一个交易者可以做到100%盈利。对于一些交易者来说，潜意识里有一个"全垒打"，那就是期望每笔交易都能盈利。否则，我们为什么要入市呢？通常正是这种预期导致我们犯错，即在交易失败时，我们没有确定自己准备承受多少亏损额度。毕竟，如果这笔交易是本垒打，为什么要设置止损指令或选择出局点呢？

许多遭受了比预期更大亏损的交易者回顾交易过程时会说，"哎呀，我本可以早点退出，但……（这里输入愚蠢的借口）。"他们不愿提前界定风险，使自己处于一种没有计划保护自己的境地。他们失去了对操作的控制，现在只能任由市场摆布。他们没有在预先设定的时间点上坚决止损，而是采取了其他措施。他们希望、祈祷、等待……最终的结果是市场不断从他们的账户里提现，直到他们别无选择。

归根结底，界定风险是一种止损的方法，由此我们可以避免将自己置于风险中，直到我们已经准备好了应对一切潜在的赔钱方式。如果可以的话，我们不会让任何东西夺走我们的钱。我们已经做好了保护自己的准备。有时这是市场上的一种指令，有时这意味着回到学校学习一项缺失的技能，有时这意味着我们承认在情感上还没有做好交易的准备，我们得先搞清楚一些因素。

最后，你抵押在经纪人处的交易资金必须是你个人完全没有负担的钱，这要求你能够"放弃"这笔钱，就像它不存在一样。再说一遍，这并不像"只用你赔得起的钱去交易"那么简单。事实上，恰恰相反，这是大多数交易者忽略的一个因素。如果你在任何可能的时间框架之内，出于任何原因需要这笔资金，你就面临着收益减少的风险。如果你需要在六个月内让资金回笼，你会假设五个月的持仓期限吗？或许该交易可能还需要四个月的时间来充分发挥其盈利潜力，或许该交易是今年市场的主要推手。没有什么比早早地平仓一笔原本会大大盈利的交易更让交易者伤心的了，而其中的原因，他一开始就知道。

无论你选择使用什么基金，你都要规避这些基金所隐含的风险：如果可以避免的话，以后就别再动用这些钱了。例如，你知道，你在春天需要一笔资金来维修房屋，请问问你自己，你在秋天抵押在经纪人处的钱是不是那笔房屋维修费。如果你的交易亏损，你不仅要冒着无法完成房屋维修的风险，而且，要是你在今年的大交易中处于盈利一方，你必须为支付房屋维修费而提前平仓，你就有可能得不到全部收益。

一旦你把自己置于交易风险中，将会面临各种各样的赔钱的方式，所以，界定风险要囊括尽可能多的变量，并创建尽可能多的安全网。要让这条规则为你服务，你可以考虑一下，除了交易损失外，你的个人风险还可能会涉及你生活中的哪些事情。

▼ 规则6
◢ 设置保护性的止损指令

> 不要等待最后的审判来临，因为这样的审判每天都在
> 进行。
>
> ——阿尔贝·加缪（Albert Camus）

在交易游戏中，最容易被误解的规则可能是关于使用预定止损点的规则，或者，正如业内通常所说的，"设置止损指令"。大多数交易者使用止损指令的水平充其量算是"初出茅庐"。最常听到的抱怨是，平仓止损指令在市场经过小幅调整之后，又朝着原定交易方向继续前进了。当一笔真正有潜力获利的交易被提前止损时，许多交易者都经历过沮丧、愤怒或纯粹的失望。然而，问题似乎更集中在止损指令的正确使用上，而不是关注是否应该使用止损指令的问题。只需要一次意想不到的价格变动，交易者就会意识到止损指令的价值。似乎每个人都想要得到止损指令的保护，但真心希望自己永远不要邂逅止损点。

毫无疑问，关于止损指令的最佳用途是什么和应该什么时候使用止损指令保护交易，存在着大量的争论和意见。在这场辩论中，所有盈利的交易者都认同的一个观点是：设置止损指令是一条不容忽视的规则。对于交易者来说，持续设置和使用止损指令，是防止过度或意外亏损的第一道也是最好的一道防线。

我观察到，当我们第一次开始讨论行之有效的交易规则时，除非你与指令流保持在同一方向上，否则你无法持续从交易中获利。如果你做了功课，你的交易预测也准确，指令流的方向会符合预期，你会持续从中获利，直到市场反转的那一刻。我们关心的是净指令流，而不是造成价格波动的临时性失衡。

理解净指令流和市场的潜在走向是理解多元时间框架的一个因素。稍后我将详细讨论多元时间框架（参见规则12），但为了理解止损指令，我们先做一个假设：无论涉及多少个时间框架，任何一个价位上的指令流都不会完全平衡。在每个价位上，总会有至少一个剩余的买入指令或卖出指令。因此，在某个时间段内，剩余的买卖指令会给市场带来买卖需求，这会导致价格走向上下波动，需要市场不停地调整不平衡状态。

这种理解给我们灌输了一种信念，即只要价格总体走向在一段时间内符合预期，我们就可以继续持仓了，直到我们手中交易的盈利潜力充分发挥出来。市场可能会在两个价位之间起伏一段时间，直到从某一方突破并达到我们的预期。不过，我们只可以称之为"调整"或"振荡"。基本价格的变动还不足以让我们斩仓出局。在走向最终目标的过程中，这种价格走势是正常的。我们知道市场不会直线上升或直线下降，它们会在某个特定的水平上徘徊（所以我们的目标是坐下来静观其变），但如果这种假设正常的"之"字形价格曲线在四周内直线下跌61.8%，期货合约价值下跌7%时，我们就要采取行动了。

现在我们的问题是如何设置和使用止损指令。我们如何树立信心，通过正常的、预期的、健康的价格行动来继续持仓，从而达到我们的最终目标？我们如何保持盈利的仓位，而不是在典型的市场回落中遭遇止损指令的拦截？我认为答案在于你是如何定义止损指令的目的，以及如何理解每个交易者迟早都会遇到的意外情况。

我认为，止损指令不是用来保护建仓利润的。它们不是风险控制工具，而是利润管理工具，不应用于平仓盈利交易。当市场的基本结构发生变化时（而不是在此之前），止损指令应该用来斩仓出局。

如果你按照这种思路思考，可以得出合乎逻辑的结论，即你的盈利交易之所以发生，是因为此时你与净指令流的方向一致，那么，平仓的最佳时机就是净指令流在获利方向上的移动即将结束的时候。换句话说，在净指令流反转之前，你可以低买高卖，以获得最大的潜力。如果你的市场预测正确，那么，事实是，你的保护性止损指令从未受到质疑，市场对你没有任何潜在的威胁，而你正好处于这种指令流的适当位置。因此，你不会选择停止交易。事实上，甚至可以说，如果止损指令从未下达，交易结果也会完全一样，因为市场走向与你的预测一样。这也是有些交易者试图规避止损指令进行交易的原因，但这是另一个问题。

可变动的止损指令

那么，你为什么要变换你的止损点呢？

我认为这是正确使用止损指令的关键问题。如果你已经正确地识别了净指令流，则不需要用到止损指令。所有微小的价格波动或调整都不是问题所在，问题在于净指令流是否发生了变化。如果你不确定指令流在哪些地方已经用尽了盈利潜力，你将只能变动你的止损指令。你最初的止损指令只是为了保护你自己，以防止你没有正确地识别指令流将发生变化的初始位置。即便你入市时站错了队，你已经根据你的系统化方法和交易计划将你的亏损限制在一个预先设定的额度之内。

如果你的评估是正确的，那么，除了等待净指令流方向的盈利潜力耗尽之外，就没有什么可以做的了。如果你对那个止损点不确定，那就变动该止损指令，使其更接近交易价格，这是你唯一的选择。这就把我们带到了在市场开始显示建仓利润后的后续止损指令的位置。变动止损指令背后的心理因素是正确使用止损指令的核心问题，因为如果你之前的判断正确，就不需要止损指令，除非发生了变化而你错过了它。

你唯一的问题是，在你的交易开始盈利后，止损指令变动到更接近市场价格的位置，"如果在我看到它变化之前发生了变化怎么办？"在这种情况下你可以变动止损指令。最起码你的交易计划应该有某种规则，允许你将止损指令滚动到开盘价格，从而"确保"这是一笔无风险交易。

如果你打算有效地使用止损指令，你只需将其作为最坏情况下的退市指令使用。你的第一个"绝境求生手册"是在首次入市的那一刻你就站错了队，与指令流的方向相反。第二个最糟糕的情况是，你在市场上还未确立引领市场的优势，指令流就已耗尽。第三个最坏的情况是，情况发生了变化，你却尚未迅速觉察，因此无法及时平仓。如果你没有不幸遭遇以上情况，那你只需等待市场走向目标价位。

在我看来，事先调整止损点以锁定利润，是减少利润的"最佳手段"。指令出现微小失衡会导致市场的定期涨落，也会引发市场频繁从高点跌落，又从低点反弹的现象，还可能出现高低点之间的"随机小插曲"，这些都是交易游戏的一部分。任何交易者都不太可能对自己的观察足够敏锐，从而准确地预测出近期的市场价位。事先把止损点设置得离市场价格太近，是一种不确定和恐惧的表现，是一种对特定价格的依附现象，而不是耐心地等待净指令流移动到盈利的方向。如果你事先调整止损点，你要冒的风险是，你的止损点可能会被逐笔交易指令微小失衡所决定。为了避免这种可能性，你需要将止损指令视为只有在市场发生变化时才进行平仓的方法。如果市场环境没有任何变化，那你为什么要通过变动止损指令来增加交易风险呢？

想让止损指令对你个人的交易起作用，方法是只基于两个原因移动止损指令。第一个原因是你的资金亏损或收益金额超出了你的风险管理规则事先设定的范围。换句话说，如果存在交易达到一定数额的建仓利润，你可以变动你的指令，以确保较小的亏损、盈亏平衡或少量利润。在那之后，在达到你的目标之前，不要变动止损点。第二个原因是如果你利用"金字塔交易法"为积累利润而持续建仓，最好给所有仓位设置一个收支平衡的出局止损指令，以防万一发生变化，情况对你不利。

在其他情况下，事先调整止损点是一种危险且不必要的行为，这样会增加你利润减少的风险。一旦某笔交易给了你一个引领市场的优势，你就可以做出短期评估，证明你的事先判断是正确的。一旦某笔交易受到保护，风险很小或没有风险，止损指令移至市场价格附近，只会让你陷入随机的价格波动，而实际上你根本不需要担心这个问题。如果有些情况已经发生变化，而且你不能迅速发现，这会导致大部分开仓利润蒸发，那你为什么想要进入自己无法做出判断的市场呢？

永远记住，止损指令不是风险管理工具，而是利润管理工具。只有当情况发生了变化，而你不小心站错了队，与指令流的方向相反时，止损指令才能被作为风险管理工具。在这种情况下，斩仓出局是你保住利益的最佳选择，除非这一切发生得太快，以你现在的技术水平无法觉察到。

无论如何，你的交易资产都得到了保护，你现在可以用清醒的头脑寻找下一笔交易了。每天都是审判日，所以要正确地设置止损指令。

▼ 规则7
第一笔亏损是最幸运的亏损

好机会人人都会遇到，但许多人不知道自己曾经邂逅了机遇。充分利用机会的唯一准备就是如实观察，看看每一天带来了什么。

——阿尔伯特·邓宁（Albert Dunning）

有人发现，个性强或智商高的交易者经常会打破这条规则。这些交易者通常能够在主要市场波动前预测市场走势的顶部和底部，原因非常简单，结果非常准确。然而，他们也倾向于在这些潜力交易中尽早操作，结果在预测的市场走势来临之前遭受了亏损。他们对自己假设的信念和承诺是如此强烈，以至于只要感到市场的某个方向会有强劲表现，他们就会在那个方向上持续操作。其中一些交易者的假设是正确的，可惜领先市场太多，长期以来一直在错误的方向上进行交易，以至于等到这个盈利点的时候，他们已经失去了大量资金。然后，当市场的强劲表现真正来临时，他们只得到一个恢复盈亏平衡的机会。

牛市可能在价格达到顶部之前的很长一段时间里就不再"牛"了，熊市可能在价格达到底部之前的很长一段时间里就不再"熊"了。实际上，这是这些交易者通常看到的情况。他们向前看得足够远，看到了另一个方向更大的潜力，他们知道反转即将来临。他们甚至可能花很长的时间来分析和寻找时间/价格关系，进而建立重仓。但随后，市场继续沿着原来的方向急剧上涨，交易者只好眼睁睁地看着资金溜走。在这种情况下，"不要挑顶价和抄底价"的过时规则再次出现，但市场迟早会出现顶部或底部。最低的风险和最高的利润总是隐藏在反转处。

辨别这些反转处，完全是另一回事儿，这本书里不会涉及。我相信，在当今的市场环境下，找到重大反转处所需的工具和知识无处不在。问题不在于确定反转处在哪里，而是入市时机的选择问题。

这个规则背后的心理学原理是有无依附情结的问题。许多交易者尚未发展出能够让情绪充分脱离价格行为的潜在能力。如果我们对交易的市场有很深的了解，并且我们对自己的方法很有把握，除非我们低买高卖，否则我们无法获利，在某些时候，我们所有的知识和准备都会迫使我们提前下手。我们得出结论，"吉时已到"，我们应该操作了。因为我们在这个结论上投入了太多的精力，所以我们潜意识里对这笔交易有一种依附情结。我们真正拥有的是对操作价格的依附情结。

当我们对一个特定的价格形成某种依附情结时，我们就会认为，如果价格没有在一段时间内向有利的方向移动，那一定是出了问题。对价格有依附情结是问题所在，因为价格不会自己变动，除非在这个方向上存在指令流。如果你个人选择的价格背离了指令流所在的位置，交易将不会在特定的时间以特定的价格进行。也许盈利的那一刻最终会到来，对你来说越早越好，但同时也要保证不会出什么问题。你目前持有的市场假设，也许正是市场蕴含的未来走势，但在这种特定的价格/时间关系中，你处于亏损之中，必须斩仓出局。你对这笔交易的感受、你的知识、你在交易中的表现，与实际发生的事情毫无关系。

接受第一次亏损，你就可以从市场中抽身。注意我说的是"接受亏损"。目前的问题不在市场范围之内，而在于交易者和对交易预测的依附情结。一个交易者的受教育程度越高、经验越丰富或取得的成就越大，就越容易产生交易依附情结，如果他之前从该特定市场获取了大量资金，这种影响就更大了。

你要培养不依附于交易结果的情绪力，这是让这条规则为你服务的关键。任何交易者都不能预测市场真正发生转折的具体日期和时刻。你的时间框架和方法最有可能接近市场反转的价格和时间点。大多数情况下，随着时间的推移，你的亏损交易总是略多于盈利交易。任何一个价格区间、任何一种交易或某一特定方面的情感依附或强烈承诺，都会削弱你重新审视交易预测的能力。也许你对市场最终走向的预测是100%正确的，但在这个特殊的时刻，你在指令流中处于亏损一方。别与市场论高下，重新审视一下现状吧。

让这条规则为你服务是你的自我意识和交易方法共同作用

的结果。当我们选择一种交易方法时，我们会试图在市场中找到并利用某种优势。自我意识是交易过程中相当特别的一部分，但它也是我们占优势的一部分。作为个体交易者，只有我们才能做出"吉时已到或未到"的评估。我们对任何一笔交易的依附情结越少，我们的交易结果就会越好。我们的交易方法在任何情况下都不会100%盈利。

我们的第一笔亏损是最幸运的亏损，因为亏损能告诉我们一些非常重要的事情。亏损告诉我们，此时我们在指令流中处于亏损的方向。这并不意味着我们的交易预测就不正确，或者我们作为交易者做错了什么，也不意味着我们将来在同一方向上进行另一笔交易就不会盈利。你唯一需要从亏损中接受的，就是它带来的教训。如果作为一名交易者，你忽视了这些教训，拒绝承认你的事先判断不是对市场结构的准确描述，或者不经过深思熟虑就从同一方向上再次操作，那么你就有可能由于同样的原因（不了解指令流）而再次遭受亏损。

你的第一笔亏损是你最幸运的亏损，因为它打开了信息之窗，让你明白交易中的两个核心问题：①与指令流处于同一方向；②如果你站错了队，就立刻出来。不管你对第一次亏损有什么感觉或做了什么，比如，忽视、责备、辩解、生气，都不能阻止下一次亏损的发生。防止再次亏损的唯一方法是找出导致第一笔亏损的原因，并发现你对预期结果的依附情结是否是问题的一部分。如果你在交易前进行了深入的研究，并得出了你可以投身市场的合理结论，你还需要愿意去承认你的事先判断可能过早或完全错误。比如你100%正确，但提前了六个月。如果你忽视了第一次失败给你带来的教训，你可能会消耗掉大量的交易资金。如果你的交易预测完全不准确，忽略了第一次亏损所带来的教训，你将面临"全军覆没"的交易后果。

如果你能诚实地对自己说"我不在乎任何一笔交易会如何"，那么，你就离"是什么造成了亏损"问题的正确答案更近了一步。因为造成亏损的唯一原因，就是在指令流中处于亏损的方向。如果你能抛开所有的研究、分析、亏损招致的痛苦或沮丧情绪，那么，你最有可能客观地看待市场，并找到当时市场实际结构的线索。站在指令流的盈利方向，可能意味着以相同的价格从同一方向上建立新头寸，也可能不是。你可能已经很接近市场的下一次强劲表现的反转处了，但是，如果你不接受第一次失败给你带来的教训（"吉时未到"），也许你根本就看不到反转处的机遇。

这条规则可以成为你长期成功的有力工具。"所有的原因都正确，所以才发生亏损"，这可能听起来自相矛盾，但这一规则的潜在提示会给你带来真正的好处。失败只是告诉你，你可能操作过早了。这是一个核心问题。归根结底，你必须具备某种远见，才能利用市场中真正的不平衡。拥有这种远见是好事，还可以培养它。一旦你有了一定程度的远见，你还需要培养一种能力，在指令流的实际反转处到来时，你可以在其附近安排交易。不管你如何发展这项技能，或者你如何创造和保持你的优势，你都经常会遇到"过早操作"的问题。假设你会有这样的问题，把你的第一笔亏损看成下一笔亏损的"扩音器"吧。

一定不要让情绪影响交易结果，努力了解指令流，让你的第一笔亏损告诉你该如何选择盈利点。不要和市场一争高下，听听它在说什么。要欣然接受某一时刻你的事先判断完全错误的可能性。

规则8
永远不要给亏损交易加注

> 如果你连自己是谁都不知道，那么，在市场上寻找答案需要付出昂贵的代价。
>
> ——乔治·古德曼（George Goodman）改述

大多数情况下，几乎所有的亏损都可以追溯到相同的根源问题。说到亏损，我并不是指成功交易者通常会得出合理的盈亏结果，也不局限于某一特定的亏损交易。在这种情况下，我说的是时间跨度漫长的、持续的净亏损结果。无法止损是症状；实际问题几乎总是同一根本主题的一个变体。大多数重大或持续的亏损都是交易者对交易结果的某种形式的依附情结的产物。没有设置最初的止损点，持有亏损的交易超过合理的时间，过度交易等，都是存在交易依附情结的表现。在这种情况下，交易者根本无法放手并退市。如何判断自己是否处于这种状态？你看看自己是不是在给亏损交易加注，没有什么比这更能说明你的问题了。

"永远不要给亏损交易加注"，这条规则是规则7的"近亲"。如果交易者觉得必须增加亏损头寸，那么，实际上是更严重的依附情结表现。如果亏损超过了最初的预期，或者几笔小亏损累积成一笔大亏损，那么，问题可能是交易者缺乏纪律或拒绝承认实际的净指令流。在为亏损交易加注的情况下，依附情结就是交易者内心更深刻的斗争，并显示出一种戏剧性的偏执。

在这种情况下，交易者不愿意客观地看待问题，他们无视账户亏损，同时自愿提高风险。他们摒弃了所有的常识性考虑，而这些考虑涉及账户健康的因素。交易者正在自取灭亡，在他们的内心深处正经历着斗争。这场斗争与市场价格走势或净指令流无关，但与以下因素有关：交易者希望自己判断正确、期待市场反转，或者有其他的捂仓理由。但在这种情况下，交易者不是简单地让亏损交易度过某个时间点，因为捂仓会增加交易风险。

如果我们在交易时停止交易并保持清醒的头脑，那么，增加风险和账户亏损能给我们带来什么好处呢？就我们的长期交易成功而言，没有任何好处。那为什么有些交易者会在此时给亏损交易加注呢？

"永远不要给亏损交易加注"背后的原因很简单。任何交易者要想在亏损头寸上加码，唯一的理由就是在交易开始之前没有界定风险。交易者不再接受合理的亏损并从亏损中吸取教训，而是根据自己对某些东西的情感需求，经过深思熟虑后有意识地采取行动，而不是基于净指令流的事实。这种需求可能包括：挽回亏损的需求、与市场抗争的需求、市场带来利润的需求、支付汽车贷款的需求，或其他类似的需求。如果给亏损交易加注，交易者会使止损的过程变得更加复杂，从而使自己的处境更加困难，但这种行为的出发点与市场本身没什么关系，它依附于交易者自己的情感需求。

记住，市场的波动只是因为净指令流失衡。一旦你开始建立头寸，你就无法控制交易账户的净资产了。如果你没有与净指令流处于同一方向，你的账户资金会不断地流失，直到你平仓或者净指令流出现反转。如果净指令流一直未出现对你有利的反转，那么，在价格走势稳定之前，你可能会耗尽保证金。除了平仓之外的任何行为，都会增加你破产的风险。给亏损交易加注，实际上是在增加你的亏损！如果你是个精明人，这种行为听起来是不是很荒谬？哪个交易者甘愿以几何级的速度把自己送进救济院呢？

作为认真的交易者，你希望掌握你的交易游戏，你不能让情绪或认知的心理需求影响你保护自己的意愿。你在任何情况下都不能给亏损交易加注，因为你的交易持续亏损，很明显你与指令流的方向不能保持一致。你一开始就处于亏损一方，你没有正确地看待这个问题，亏损的事实本身就在提醒你"平仓"，没有别的意思。无法平仓意味着更大的亏损。给亏损交易加注意味着更大的亏损。这对你有什么好处呢？

问问你自己，为什么你想要给亏损交易加注？如果你退一步想一想，原因很可能是对交易结果的某种依附情结，以及不愿意做正确事情的某种表现。给亏损交易加注，是交易者面临的一个更大问题的表现：无法真正控制自己的感觉或情绪。处于这种境地的交易者，早晚会出事。

一些交易者误以为亏损交易的定义是这样的：入市操作之后就是平仓操作，如果现金账户里的两次操作价格相减，得出的差额是负值，就是亏损。而我认为，重新定义亏损的概念对你更有好处，而新的定义更多地关注个人纪律的问题。

如果你发现自己出于某种原因入市，在进一步评估你的行为后，你得出结论，你做的是错误的事情，那么你需要立即斩仓出局。如果你违反了一条交易规则，如果你因为一些你通常不相信的指标而进行交易，如果你的内心希望获利，或者你可能犯的任何其他错误，你很可能会承担比你本来应该承担的风险更大。坚决平仓以保护自己是你最好的选择，**即使这笔交易依然存在建仓利润**。如果你为了进行交易而打破了自己的纪律，那么，出于任何原因进行的交易都可能是亏损交易。

一旦你从个人纪律的角度，而不是从现金账户余额变化的角度，重新定义了一笔亏损交易，你就可以从第一次亏损中学习如何有效地参与到盈利交易中。给亏损交易加注的问题从来都不是问题，因为你一开始就不是以财务为焦点进行交易。你交易的重心是从纪律出发，一直做正确的事情。你不会给亏损交易加注，因为你将通过平仓来止损。你随时都可以入市，所以，没有必要保留不盈利的交易，当然也没有必要给这些交易加码，让情况变得更糟。

从根本上说，要让这条规则行之有效，就意味着承认你需要一些东西来控制你的情绪偏见，因为它会产生让你采取行动的冲动。你需要面对这样一种可能性：你个人的想法中存在着某个"小东西"，总是出来干扰着你的交易思路，赶走成功的交易。当这个特别的"小东西"再次出现时，你已经产生了免疫力，不会再打破个人纪律了。想给亏损交易加注是平仓的信号，因为这种想法意味着"今天我有点不对劲"。如果你（交易者）有什么不对劲，这与市场结构或净指令流没有任何关系。如果你今天没有正确看待这个问题，你的建仓亏损会再次提醒你，到那时你就要平仓了。

让规则7奏效，就永远不会违反规则8。两者之间的唯一区别是交易者对交易的依附情结程度不同。

规则9
不要过度交易

> 我再说一遍，我从不通过频繁交易赚钱，我通过静观其变赚到了钱。
>
> ——杰西·利弗莫尔（Jesse Livermore）

过度交易是净亏损交易者的明确症状。所有其他可能让交易账户资金流失的错误，都可以在你检查超时操作的交易数量时发现。你能说，给亏损交易加注，就是过度交易吗？很多过度交易都是在没有界定风险的情况下完成的，这不是事实吗？

我们所熟悉的大多数交易规则都需要从心理学的角度来审视，它要么帮助我们进步，要么阻止我们进步。很多人都知道规则9"不要过度交易"，但只有在为时已晚的时候才会回想起来。为了让这条规则发挥作用，我们需要明白这是一条指导原则，它能帮助我们防止把自己"杀得片甲不留"。事实上，过度交易可能有多种原因，但有一点是肯定的：忽视我们进行过度交易的可能性，几乎肯定会让我们陷入过度交易的境地。当我们意识到这一事实时，我们的资产已经打水漂了。

　　作为交易者，我们的部分问题似乎在于处理大量市场信息和机遇。在货币演变的关键时刻，金融市场的规模和复杂性都呈指数级增长。除了财务管理服务业的几乎所有部门都在爆炸式增长之外，通信业也在以惊人的速度发展。同时，任何在发达地区的个人几乎都可以通过互联网、手机或电视即时访问世界上任何地方的任何其他人、信息来源或市场中心。我生活和工作在芝加哥市中心，如果我愿意，我可以完全从加勒比海的帆船或印度的山顶获得我现在拥有的一切，你们也可以。作为交易者，我们不再受距离或与任何市场或信息库连接的限制。如果我们察觉到在地球另一端的某个地方存在一个机会，我们可以从无限的方法中选择利用这个机会，并利用同样无限的信息流来管理这个机会。

　　止损的关键是选择对我们个人来说最有利润潜力的机会，如果实话实说，我们真的只需要一个市场。事实上，我们可以在任何时候积极参与全球交易，这在一定程度上导致了过度交易的问题。

　　许多交易者错误地认为，"过度交易"一词只能意味着在某个特定市场上的频繁交易。这只是其中的一个方面，需要作为控制亏损策略的一部分来处理，但将这条规则改为"不要过量参与"会更准确。这对你来说这意味着什么并不重要，但作为一个认真学习持久盈利交易的学生，你必须在如何分配有限的资源方面做出选择。没有人拥有无限的资本，也没有人拥有无限的精神或情感资源。是的，你必须控制自己的行为，以防止在一个市场内过度交易，但你也必须把注意力集中在几个特定的市场上，并重点考虑你要进行这些交易的原因。认为自己在所有的市场和机会中都能取得同样好的业绩，这样的想法太荒谬。

如果你对每个特定市场以及每个市场的结构没有深入的了解，你就会面临无法解释的亏损风险。更糟糕的是，如果你很难找到你在某个特定市场缺乏盈利能力的原因，那你很可能会在那个市场继续亏损。许多交易者抱怨说，在净亏损年或持平年，在一个市场显示盈利，而在另一个市场显示亏损。通常的抱怨是这样的："如果我没有交易原油就好了！我在股市赚了6位数！"

学会停止过度交易，需要你愿意限制自己的机会，同时在你要交易的市场上最大限度地投入精力。你的交易账户在一个市场上的显著收益被另一个市场上的亏损所抵消，这对你的长期利益是没有好处的。此外，过度交易是交易者对所选择的机会缺乏耐心或对所取得的结果感到失望的症状。长期盈利的交易者绝不会抱怨机会或者花费的时间长。这样的交易者已经知道，某些时间比其他时间更适合操作，而且无论如何，都需要一些时间才能看到结果。如果今天什么都没发生，那今天就什么都没发生。交易者所处的市场在这个特定的时间根本没有什么可提供的。聪明的交易者不在乎这个问题，因为他知道如何在这个市场进行交易，他不会因为试图把精力分散在七个地方而降低自己在一个市场捕捉机会的注意力。

　　我们作为交易者，面临如此多的选择和可用信息，我们忍不住认为所有认知到的机会对我们个人来说都是实实在在的机会，仅仅因为我们可以接触到一些平时一无所知的东西。我们认为获取信息实际上是机会的来源，而实际上，我们自己管理机会和信息流的能力才是我们长期成功的真正关键。让"不要过度交易"原则对你直接起作用的方法之一，就是将你的注意力聚焦到对你个人来说最有可能的市场机会上，并将你的信息流限制在开拓该市场机会所需的关键信息上。

　　举个例子，如果你不能理解为什么中国今天是世界第四大经济体，但又不会重新评估人民币以减少贸易顺差，那么，为你的长期IRA[⊖]股票账户买进中国共同基金，可能不是一个好做法。即使该基金符合你的风险/回报比率的基本标准，并且有四个你已经开始信任的技术指标，也是不妥的。因为你没有足够的时间去了解全球经济，如果你进行了交易，你错过了一些信息，不知道什么时候平仓为你挽回大量资金。虽然你可以即时跟进中国香港的恒生指数，并每天两次从中国香港获得翻译成英文的市场评论，但这并不意味着你可以在美国的家中把握交易的机会。人们常常认为自己能做到，但如果你做不到，那你可能过度交易了有限的资源。在你不了解的东西上亏损40%，就等于让你在美国股票市场上的两年利润打水漂。我并不是说追逐全球化机会是个坏主意。我的意思是，仅仅因为你能做到，就把自己搞得太累，这不是个好主意。

　　⊖　IRA 是目前美国市场上规模最大的养老金计划资金池。——译者注

　　对"不要过度交易"的一般理解是，在现有的交易市场中进行多元化操作。这条规则旨在防止你将自己暴露在过多的低盈利交易中。违反此规则的最常见症状是，从同一方向、大致相同区域操作多次，也会遭受多次亏损。举例来说，在同一天，你在多头一方做了六七次交易，亏损了五次，当天的总体情况也是亏损。更糟糕的是，如果你一整天都在坚守第一笔交易，那么，你在平仓后就会有不错的收益。

　　过度交易（定义为多元操作）是以下原因的综合体：没有正确地理解你的时间框架，没有遵循你的交易规则，或没有正确地执行你的交易系统。当交易者选择做一些他通常不会做的事情时，显示了他对交易结果的依附情结，而不是保持专注行为与遵守个人纪律。过度交易是依附情结的症状，就像所有持续失败的交易行为一样。

　　为了让这条规则为你服务，请创建一个与你的交易系统和交易计划相一致的行为底线。最初的底线是什么并不重要，但你必须创建一套独立的行为控制准则，独立于你的交易系统或计划。例如，你的操作系统要求你每天进行一次交易，而且你正确地使用了这个系统，那么，在一个市场中，你很少会在一天之内进行4笔交易的操作。如果你发现你的操作次数超过了系统要求，那你就是在过度交易。它不是一组主观的或情绪化的数据；它是一组事实结果，告诉你"你今天没有遵守交易规则"。如果你的系统采用的不是平均移动日线配合15分钟指数平滑异同移动平均线[○]，这并不重要。如果你不遵循它，你实际上就没有交易系统。如果你的交易计划要求你在连续两周获利之后休息一下，带着一些你赚来的钱和你的家人一起共进晚餐，这也没有关系，但你不会再有任何利润。

过度交易的症状往往很微妙，所以当你愿意承认自己在过度交易时，往往损失已经造成。因此，要使这条规则奏效，你必须提前选择在过度交易之前控制你的行为。你必须为自己制定一些规则，以防止过度交易，而不是在你造成亏损之后弥补亏损。这套规则对你来说是独一无二的，这是你特定的系统化方法的一个组成部分，如果你不遵循这些规则，还不知道会成什么样子。

让这条规则为你服务的关键是问问你自己，基于你的交易系统预测的概率，如果你真的过度交易了，会是什么结果呢？一旦有了这些数据，你必须创建一个规则并予以遵循。在许多情况下，交易者并不真正知道自己的交易系统预测的概率是什么，因此，不能真正获得数据从而知道过度交易是什么样子。过度交易不是简单的"交易过多"。如果你的系统预测盈利概率为55%，但其中2/3的交易是在周一完成的，那么，如果你在周五进行了大量交易，那就是"过度交易"了。所以，对你和你的系统来说，"过度交易"的定义不一定与系统产生的交易总量相关。在这种情况下，"不要过度交易"的意思可能是

○ 简称 MACD，由快、慢均线的离散、聚合表征当前的多空状态和股价可能的发展变化趋势。——译者注

"周五不能交易两次以上",但这个规则在周一不适用。也许周一的规则是"不要交易八次以上"。

收集数据用来系统预测概率是一回事,但是,当行情超出这些常用参数时,如何控制你的行为是另一回事。在任何情况下,如果你的系统化方法没有得到适当的遵循,你的交易计划就毫无价值。"不要过度交易"的原则要求你获得良好的数据,然后将其应用到你的交易计划中。这包括首先知道哪些是交易机会,并愿意承认你可能没有充分利用这些机会。这两个方面都与减少风险有关,直到你得到相关数据,对你的市场表现做出显著改善。当然,我们的目标是在耗尽所有资金之前,可以高效地收集数据和遵循规则。

遵循规则9,可以归结为你要尽可能诚实地回答下面的问题:

"我有多清楚自己在做什么?我是否愿意承认自己并不清楚?"

如果这个问题的答案不是"我一清二楚,我无须任何改变",那么,你很可能以某种形式在过度交易了。你要么陷入了太多的市场交易,要么在不知道盈利概率的情况下冲动交易,要么两者兼而有之。减少接触市场或知道何时停止操作(或两者兼而有之)取决于你控制自己行为的意愿。不愿意控制自己的行为,会导致你违反交易规则。过度交易是我们寻找的最重要的症状。在接下来的第三部分"让利润飙升"中,我们会发现,犯错是多么糟糕的事情。

Trading Rules that Work:

The 28 Essential Lessons Every
Trader Must Master

第三部分　让利润飙升

高效期货交易规则

规则10
做好记录，检测数据

错误是生活的一部分：重要的是你对错误的反应。

——尼基·乔凡尼（Nikki Giovanni）

《福布斯关于机遇的思考》（*Forbes Thoughts on Opportunity*）

　　许多交易者在交易开始时很容易体验到初始阶段的成功。他们开了第一个账户，开始交易，也许用的是非常简单的方法，只做了几笔交易，就能在短时间内获得可观的收益。于是，新手交易者很容易得出这样的结论："交易是件容易的事儿！"

　　接下来的故事你当然知道了。随着时间的推移，这个交易者失去了最初的利润，然后继续以同样快的速度失去部分或全部交易资金。一些交易者一遍又一遍地重复这个过程，每次亏损之后都会换一个理由或交易系统重新入市。他们很容易认为问题出在上一次使用的系统上，或者资金投入规模不够大，无法充分发挥交易系统的潜能。他们被之前的一点点利润蒙蔽了，很容易对自己做的事情做出错误的假设。

　　很少有交易者愿意承认，他们最初的盈利在很大程度上完全归功于运气。但事实是，如果你不知道自己在做什么，或者以为自己真的找到了完美的交易系统，那么，无论市场状况如何，你都会遭遇持续的亏损。有些人比其他人更擅长这个游戏，他们的成功是应用程序化的、前瞻性方法论的结果，其中包括交易者可以找到的一切潜在优势，以及与其相对应的完美纪律。

　　为了积累丰厚且持续的利润，需要做一些看起来可能没什么价值的事情。但真正专业的交易者会告诉你，要想获得在任何市场都能持续复制的稳定成功，需要完美地运用技能和知识。

　　那么，你从哪里得到这些知识？又如何获得这些技能呢？

　　在本书的这一部分，我们将讨论让利润飙升的规则。大多数交易者认为，关于让利润飙升的适当讨论应该与市场相关，并包括大量关于设置止损指令、增仓、扩大时间框架等细节。但在我看来，从你的成功交易中获得更多利润的最重要因素，就是要确切地知道如何创造盈利交易，并频繁复制这种成功。如果你不知道如何创造成功的交易，只知道如何一次又一次地复制这种成功，那么，你的收益是有限的，或者更糟糕的是，全靠运气赚钱。你必须知道你做对了什么以及你还可以改进什么。这要胜过你和自己心不在焉地达成的共识，因为这是一个获取数据的问题。获得更稳定利润的途径是做好记录。

为什么要坚持做记录

想想你在大学期间必读的一本书。无论你对课程负荷的最初反应如何，甚至你对课程作业的兴趣如何，你都不可能通过任何课程的考试，除非你研读了老师要求你复习的材料，并让老师知道你已经掌握了这些知识。你必须阅读某部教材，对作者的观点进行批判性的区分，然后接受一场测验。如果你考试不及格，这门课就没有学分。这是事实。

在交易的世界中，相关过程实际上并没有实质性的不同。"你需要一定的知识，如果考试不及格（交易不成功），就得不到学分（赚不到钱）。"更复杂的是，你可能已经猜到，你需要阅读一两本书来获得考试及格所需的知识。关键在于，你要自己写那本你需要读的书。

在追求掌握让利润飙升的技能时，做好记录是你最重要的资本。你可以编写一份完整而准确的个人交易方法的书面记录，关于你的精神和情绪状态的精准记录，以及关于你如何操作交易系统和交易计划的实际记录。这样，你就可以创建一个庞大的信息数据库，然后，你就可以使用这个数据库，从你自己的行动中了解自己所做的哪些是有效的、哪些需要改进、哪些需要从你的举措中剔除。你可以批判性地审查你的记录，比如，你的进出市场操作、头寸变动、没有接受的交易、你的思维笔记，等等，如此你便有了确定你在做什么和没有做什么所需的硬性数据。你的记录是对发生的事实的真实描述，导致了你现在的结果。你可以通过学习来了解你自己如何在特定的日期和时间进行盈利交易或亏损交易。你可以看到这些交易的相似之处和不足之处。你可以理解自己的部分行为，你会发现改变一些行为真的很容易，而这些行为往往是导致亏损或利润减少的原因。简而言之，你拥有需要严格审查的数据，它可以帮你通过测试，获得学分——从市场中获得的最多财富。

精确记录的真正且持久的好处是能够从外部观察你交易时的行为。当你收集了越来越多的关于你的实际行为的数据，并且清楚地看到这些数据与你想要的行为之间的差异时，你就建立了自己的信息资源，可以帮助你修正自己的行为。归根结底，你的实际行为为你带来了实际的结果。如果你愿意承认是你的行为造成了更大的亏损、削减了利润，让你在面临最佳出入市机会时犹豫不决，那么，你就可以选择修正自己的行为、增加盈利的概率。你有能力清楚地看到自己在哪些地方导致了亏损、在哪些地方中断了你的盈利交易。在那之后，你可以建立新的交易规则来修正自己的行为，这些规则与我们在此讨论的规则相同，但有一个重要的区别：你知道你个人的问题出在哪里，你还知道你有能力解决这些难题。

在我看来，准确的记录并不是记流水账那么简单。我认为，如果你知道你需要做什么记录，以及你到底想从这些数据中寻找什么，你会获得更持久的成功。在交易领域收集数据，既是一个内部过程，也是一个外部过程。你需要准确地记录你所有的外部行为，包括入市操作、设置止损指令、变动止损点、设置限价单、增仓、减仓、平仓、止损单/限价单何时触发、所有这些行为的日期和时间，以及你的交易账户的净收益或净亏损。

内部数据更有价值，也更难以记录，但是，内部数据才是提高交易能力的真正关键所在。记住，不管你怎么想，你必须和净指令流保持同一方向，并让指令流的位置接近你的入市点，确保你至少有一点建仓利润。如果有什么东西妨碍了你看到净指令流可能发生变化的位置，那么，你成功交易的概率就会降低。

在记录过程中，你必须做的一件事是准确地记录你操作交易时的思想和感受。把你的想法和情绪写下来。这样做的唯一目的是让你意识到，当你进行操作、变动指令、退出交易或节制交易时，你内心世界的真实想法是什么。你所有的想法、认知、感觉、欲望、动机等，都在你的内心世界沸腾，并最终产生一种行为冲动，这就是你要在那个精确的位置输入交易指令的原因。

你的内心世界创下的功绩就是你的交易账户的余额，原因很简单，你用自己的眼光看待市场。你用系统化的交易方法试图解读明显混乱的价格波动现象。它旨在帮助你找到净指令流中最可能发生转变的点。你的交易系统真正在赋予你足够的操作信心，因为你的系统化交易方法基于你提前认同的一组概率假设。你所需要做的就是遵循该方法，但是，市场状况和你的个人心理状态可能并不完全适合该系统。

当你出于某种原因做出交易或不交易的选择时，你只会产生以下三种结果之一：赚钱、赔钱或不赚不赔。不管你的交易账户结果如何，市场都是波动的。如果你认为这种波动让你错过了盈利机会或逃过了潜在亏损，抑或那是你不应该做的交易或做对了的交易，那么，你就不是在遵循交易系统了。你是在遵循自己的观点，交换使用或不使用交易系统的结果。市场本身对你的参与或缺席毫不知情，你的交易结果与净指令流毫无瓜葛。

这些内部数据对于了解你自己来说是无价的，因为它将揭示你当时的思维过程。请仔细审视你的想法和情绪，然后将它们与你的交易账户余额进行比较，再与随后的价格走势进行比较，你会发现，你的操作过程牵涉到的体验是恐惧、贪婪或希望，而不是**"清晰的观察或明确的纪律"**。一旦你明白了这些，你就可以寻找机会改变自己的思维和行为了。比如，你知道，当某些事情在你脑海中浮现时，你要么做一笔赔钱的交易，要么过早地退出一笔盈利的交易，你可以做出选择，要么不出手，要么持仓一段时间。你会更加自信，因为你会更好地控制自己的行为。

请在这两个层面上坚持记录，这样会让你拥有额外的数据，以便了解你的交易方法的优势和劣势。在批判性地检查了自己记录在案的行为之后，你可以看到自己在交易中的优势，然后"复制"这些"盈利式行为"。你还将看到自己行为的薄弱之处，将控制因素（交易规则）设置到位，以最小化操作的负面影响。最终，是你的行为决定了你的交易账户余额。你需要知道什么行为有效、什么行为无效，在大多数情况下，当你交易时，这些数据就在你的脑子里，取出来研究一下吧。

我简要地介绍过在我开始保持良好的记录并检测数据之后，我改变了自己的交易方法。当我个人需要并相信自己的分析时，我学会了远离市场。这一改变使我更好地与净指令流保持同一方向，以便持有最具潜力的盈利交易。然而，当我查看记录时，我发现我的总体交易结果并没有什么实质性的不同；在一个季度里，我的盈利和亏损数目大致相同，交易的数量也大致相同。我的大部分净收益来自于我所持有的少数几笔交易。我用标准钟形曲线绘制了这些数据，还标上了我之前的交易结果。我发现，从纯粹的概率角度来看，一切都没有改变。那为什么我的账户余额比之前更多呢？

我的账户余额增加，因为我持仓盈利交易，在盈利交易之前做的交易总数较少。在我强制自己遵守新规则之前，过度交易只会带来微小的收益和亏损，这使我的余额在一个基本范围之内波动，即盈利交易前的亏损幅度。如果没有这些亏损需要弥补，当我想要抓住盈利交易的时候，就会获得更多的利润。

这类似于现金流正反两方的关系，比如，一方得到报酬，支付所有账单，然后没有钱可花；另一方支付所有账单，得到报酬，然后没有债务要还。我的账户余额变动曲线是：上升、稍微下降、再上升、再稍微下降；而不是：下降、稍微上升、再下降、再稍微上升，但实际交易量还是差不多的。我的分析和交易选择没有什么不同，我只是了解自己的优势和劣势，更好地建立头寸。我的记录表明，如果我没有保留这些记录，我可能不会这么快就学会交易，或者，没有数据来支撑我做出小小的改变。

▼ 规则11
给盈利交易加码

要吃果子就得上树。

——托马斯·富勒（Thomas Fuller）

没有人能够充分挖掘交易的潜力，除非他们有能力持续给盈利头寸加码。我这样说有三个原因。首先，任何系统化交易方法的纯概率总是受盈利交易与亏损交易之比的影响。不管出于什么原因，如果盈利交易没有充分发挥潜力，那么随着时间的推移，你的净收益通常不会超过所有抽样交易的平均值。

我建议你对不同的交易系统及其带来的账户净额做一点儿功课。你会发现，几乎所有的交易系统（无论它们是如何开发的或其背后的理论是什么）都会经历一段时间的下跌期，从而降低了总体净额。如果交易者在下跌之前已经使用该交易方法一段时间，无论以往取得多大的成功，其结果通常都不过是一笔微小的收益或亏损。如果交易者在下跌之前一段时间使用的时间很短，那么，结果通常是亏损。当然，这并没有考虑到交易者的实际操作情况，以及他对系统的遵循程度。许多成功的系统化方法被交易者的使用方法给糟蹋了。

其次，系统化方法从未讨论过市场质量问题。所有的回溯性测试都是基于"如果……那么"的假设，即任何市场的条件在未来都会与过去基本相同。换句话说，在真实市场中的某个点，交易方法被投入实践，并创造交易成果。这一过程类似于交易方法在已经交易过的市场中参与实战并取得战果。但是，已经交易过的市场环境是不可复制的，而且市场环境也可能发生了变化，系统化交易方法已经"力不从心"了。因此，如果市场环境正在创造交易方法从未经历过的价格波动，那么，从系统化交易方法中学到的东西也不可以复制。交易方法的盈利/亏损比率或高或低，从盈利交易中挣到的钱可能不足以弥补亏损的钱。

交易方法出现弊端的部分原因是，它广泛地分布在一个市场上，而这个市场的基础条件与开发系统化方法时所处的条件不同。最好的例子就是市场上的一种"趋势跟踪方法"，该市场因为潜在的市场要素和交易者看法的变化而停止了趋势。盈亏比率最有可能下降，亏损的交易最有可能大于盈利的交易。在这种情况下，如果你打算在等待趋势恢复的同时继续使用趋势跟踪方法，那么，给盈利交易加码就会变得很麻烦。

最后，给盈利交易加码是让利润飙升的最好方法，原因很简单，净指令流在盈利方向上可能会持续相当一段时间，超过你的最佳预期。当我们讨论使用多元时间框架（规则12）和下跌50%时买卖（规则25）时，你会有更多的工具来给盈利交易加码，因为通常净指令流可能会随着时间的推移而变得"深邃"（不明显），你交易一段时间之后才会看懂。有时候，在你建立头寸之后，市场特性会朝着更有利于你的方向变化。对这种可能性保持警惕并做好准备，是规则11"给盈利交易加码"背后的心理学原理。

给盈利交易加码并不一定局限于某个特定的价格点。这通常与价格/时间关系相关。例如，假设你在市场上建立头寸已有一段时间，目前也有一些建仓利润，但市场本身已经开始在两个价格区间徘徊。你已经知道，这个市场在等待某些要素发展的时候会陷入停顿状态。你还知道接下来依然是牛市，你正在等待市场突破停顿，但这意味着该市场将创下月度新高。市场要素的发展将在月底得以实现，在此之前，交易量每天都在下降，但在此期间市场仍处于良好的买盘状态。

如果市场突破停顿，你想要给你的多头头寸加码，而一个月度新高会吸引很多交易者的注意，他们可能会在多头一方建仓之前等待某种确认信息。随着新一组被密切关注的市场要素现身时间的临近，你会注意到市场行情接近波动区间的高点，交易量略有增加。现在消息发布了，市场开始上涨，这意味着新的净指令流即将到来，尽管市场价格已经达到你第一个多头头寸的目标价位，但你更好的做法是持仓并加码，因为现在多头头寸的潜力比你最初预期的更大，而且你已经处于市场的领先地位。

当然，如果发生了相反的情况，你也会知道多头头寸的盈利在下降，你可能想要平仓。但这是另一回事了。在价格/时间关系有显著上升突破的情况下，你会发现一个新线索，表明有些情况正在发生变化，这很可能意味着在你最初交易的方向上有更多的盈利潜力。你需要利用你的优势，不仅要持仓盈利交易，还要考虑加仓，以获得最大的收益。交易方法可能无法解释这种潜力，但你可以。

对于"斩仓并反向建仓"策略，同样的思路也适用。你在一个方向上持有重仓，但情况发生了变化，比如，价格行为在相反的方向上出现强劲势头，甚至低于你入市时的原始价格，你不仅要立刻斩仓，还要完全反转，在另一个方向上建仓。你可能迎来了潮水般的新净指令流，而且你显然处于盈利的方向。你需要考虑给新建的仓位加码。某些旧的交易规则实际上就是基于这种思维，其中之一就是"价格回档至建仓价格附近时买入或卖出"。在24小时都有市场交易的情况下，这条规则在许多市场中已经过时，但其中的心理学原理是有效的：当净指令流在你的方向上出现非常明显的扩张势头时，请再给盈利交易加码。

这里的关键不是说你总是会给盈利交易加码，而是当你准备给盈利交易加码时，净指令流的走势明显，而且你已经在市场上领先。换句话说，如果你看得很清楚，并且你得到了报酬，那么就要求市场支付更多的报酬，因为市场也显然想要这么做。

让这条规则持续为你服务，关键在于培养你的思维模式，明白市场环境是动态的、不断变化的。当市场变得对你有利时，你需要利用这一点，特别是当你已经在市场上持仓盈利交易的时候。给盈利交易加码并不会增加你的风险。你的风险一直都是一样的："如果我和净指令流不在同一方向上，该怎么办呢？"市场状况可能即将发生变化，这不是问题所在。问题是，当市场状况发生变化时，你要做到挣钱最多或赔钱最少。

当市场状况没有变化，交易正常进行时，你想在某个时刻增仓，以实现利润最大化。不管你有1份还是100份盈利合约，你都应该在目标价位平仓。增仓之后，如果有什么对你不利的事情发生，你要么立即斩仓，要么启用止损指令出仓。不管你认为"给盈利交易加码"的规则如何对你有用，这都不重要，重要的是时刻准备好使用它。如果情况变得对你有利，给盈利交易加码的问题就不应该成为问题。请利用好你已经拥有的优势。

你要明白，该规则具有前瞻性。你选择把自己放在获利的最佳位置，从而让你获得最终的交易成功。你选择了拿走你想要的。记住，如果你"希望"市场继续对你有利，那么这条规则对你不会有什么好处。你需要确定你已经发现了交易余下的盈利潜力。你要高瞻远瞩，"只要市场状况不变，我就会获得更多收益"，需要与"如果市场状况改变，我就退市"达成有效的平衡。市场是促使你增仓的唯一因素。在最初的交易预测中，你要在最确定的时候增仓。只要你的事先判断一直正确，你就可以在这笔交易中一直干下去，直到你的目标达到或有所变化。

有时候，给盈利交易加码出现在这样的情况下：在你的目标达到之前，市场保持不变，或者有时候，市场出人意料地朝着你的方向上升。但无论如何，当你与净指令流处于同一方向时，一旦你确信这一点，无论你的定义和手段是什么，给盈利交易加码就是你最好的选择，可以最大限度地提高你的盈利能力，并避免任何系统化交易方法出现固有的"砸场子"概率。你的系统化交易方法会有弱点，随时都可能出现下跌现象。保持警惕，时刻准备给盈利交易加码，这将有助于增加你持久盈利的机会。你的交易计划中应该包括定期评估你运用这条规则的程度。

可以帮助你确定什么时候给盈利交易加码的因素之一是，当市场朝着预期方向变动时，成交量上升。如果伴随着未平仓量的上升，那就更好了，但是，当市场朝你预期的方向变化时，你需要关注成交量。还记得我们简要讨论过的零和交易的问题吗？唯一必须平仓的是持有亏损头寸的交易者；他必须在某个时刻出局，因为他不能永远亏钱。当亏损头寸被平仓时，至少有一份合约不复存在，因此未平仓量将下降。如果这个亏损的交易者重新入市，然后经历另一笔亏损，那么交易量将会更高，但未平仓量和他首次退市时一样。换句话说，同一名交易者当天做了一笔交易，结果亏损，但他做了4次。因此，成交量变高，但未平仓量与当日持平，因为他没有持仓过夜。

当价格走势与你的事先判断方向一致时，成交量通常意味着同一群亏损交易者又杀了个回马枪，而同一群盈利交易者拿走了他们的钱。如果新的盈利者和新的亏损者开始摆好厮杀的架势，情况会有所好转，未平仓量将会上升。在这种情况下，因为价格走势仍然是单向的，很明显，无论当天谁盈利谁亏损，来自一方的指令总数仍然高于另一方。市场将继续朝这个方向移动，直到所有的交易者都退出，未平仓量下降。这通常表明市场处于反转的临界点。观察成交量，可以帮你确定给盈利交易加码的时机。如果这伴随着未平仓量的上升，你就知道市场上还有大量的利润促进因素，所以你可以继续加码。

也许你可以连续几个星期每天加码一次，然后满载而归……

规则12
使用多元时间框架

思考要快，行动要慢。

——希腊谚语

大多数交易者都有过这样令人沮丧的经历：一笔不错的交易突然从大利转为小利，或者更糟糕的是转盈为亏，还需要平仓，然后，已经脱手的交易又出现利润新飙升，达到一天或一周中的新高。出现这个问题是因为交易者把止损指令设置得太接近市价（或因惊慌失措而出市），还因为不了解多元时间框架，以及不同时间框架的交易者是如何相互竞争以控制市场的。如果你看一下你的历史价格走势图，你会观察到下跌、假突破、反转、失败反转、洗盘和各种其他价格形态，在所有时间框架内有规律地发生着。短时间框架的价格走势图和长时间框架的价格走势图最终会形成相同或相似的模式，唯一的区别是创造价格形态或看到价格走向发展所需的实际时间（如果你愿意，也可称之为钟表时间）不同。

　　我发现，把价格走势图看作条形图，而不要考虑时间框架本身，这更有帮助。例如，组成一个典型的三角旗结构需要大约40~60根"开盘-最高-最低-收盘"（OHLC）价格条，这种三角旗结构通常被视为潜力型价格走势图。在5分钟价格走势图上，这代表了大约200~300分钟的钟表时间，大约是3.3~5.0小时。如果你做了功课，你就会知道，在某一特定时间（大约在从旗杆向前2/3的地方），价格变动的距离通常是三角旗平边的长度，方向可能是看涨方向或看跌方向。

　　换句话说，在5分钟价格走势图上，如果你怀疑一个三角旗正在形成，你需要2~3小时来确定它会在4小时附近的某个点位出现突破（或更高，或更低）。此外，大多数5分钟价格走势图上的三角旗都有一条一定长度的平边，其长度等于当日价格振荡趋势的一个固定比率。有了这些数据支持，你现在就可以进入交易，如果一切顺利，你可能捕获80%或更多的突破点。在那一刻，新的指令流的水平上了一个新的台阶，市场真正"起飞"了。而识别新的净指令流才是关键所在。

　　现在使用上述的假设交易作为例子，如果把你的5分钟价格走势图和1小时价格走势图进行比较，也许你会观察到最后40~60根价格条所创造的不同模式。仔细观察，你会发现，三角旗结构的形成需要60根价格条和300分钟的时间，而1小时价格走势图是一个双顶形，需要6根价格条和300分钟的钟表时间。如果你的5分钟三角旗出现上升突破，一旦你的目标价位达成，那最有可能接近1小时价格走势图的双顶形顶部。如果市场现在吸引了足够大的买方力量，那将突破1小时价格走势图的双顶，你就会在长时间框架的交易者入市并导致买方力量直线上升时，以微薄的利润平仓。只需要注意到短时间框架内的牛市潜力包含在长时间框架之中，你就可以很容易地获得更大的利润，可惜你只获得了少量利润。这两个时间框架都具有牛市潜力，都在300分钟内发展起来，尽管这两个价格走势图以不同的方式计算，并以两种不同的格式呈现给观察者（你）。

使用多元时间框架的概念与你对某些问题的理解有关：谁在关注？关注什么？交易者在什么时候最有可能通过提交指令来给指令流增加压力？1小时时间框架的交易者的想法，与更长或更短时间框架的交易者不同，因此操作模式也不同。当你有很多"证据"促使你在时间框架内以买方或卖方身份入市的时候，你有多大的信心让不同时间框架内的指令出现在你预期的方向上？你可以客观地从其他时间框架的角度来换位思考，以培养这种自信心。当你比较这些观点并得到某种一致性时，比如，你清晰地意识到不止一个时间框架在沿着相同的思路思考，你就会更确信，较之预期，净指令流沿着这个方向移动得更远。为了让你的利润爆表，你需要辨别和利用每个时间框架内的"终极动作"。

最好的交易发生在你找对了的指令流的方向上，而长时间框架的所有交易者都在这个方向上操作。例如，你正在寻找一个买入点，你希望看到5分钟、10分钟和15分钟价格走势图提供类似的线索，这些线索都在相同的价格区间。与此同时，30分钟和1小时价格走势图可能呈现停滞或略显熊市，因为下降趋势已经形成。日走势图和周走势图在周或周的波动区间内，价格呈日或周新低。

现在，假设你从买方入市，30分钟左右你就获得了一笔建仓利润。最有可能的是，你已经正确地确定了30分钟或更短时间内的交易者"砸场子"的地方，因为市场价格升高，他们通过买方指令造成指令流失衡。这种情况通常不会发生，除非买方指令让卖方不堪重负。如果30分钟和1小时走势图出现上升趋势，那么你就得到了一个很好的线索，下一个长时间框架的交易者也开始出现在买方。如果市场现在继续走高，接近价格日波动区间一半的位置，那么可以肯定的是，以天为时间框架的交易者也开始下手了。如果市场在第二天收盘时再次走高，那么，原本看跌本周市场行情的交易者也会在买方活跃起来。短时间框架的交易者入市，由在同一方向上操作的长时间框架的交易者确认。越来越多的交易者看到了同样的走势，而累计的净指令流也在预期的方向上发挥作用。在这个例子中，市场吸引了所有的交易者，持续的时间也越来越长，互相竞争的时间框架变得一致。随着时间的推移，市场将继续走高，即使是短时间框架也产生卖出信号，因为长时间框架依然在买方引领着指令流。

　　现在，请记住，我并不是试图过分简化价格走势或建仓过程。我知道价格波动可能会很剧烈，市场走势可能会长时间"横盘"，错误的信号经常出现。通常情况下，原本可能盈利的交易由于各种原因而变成了亏损交易。你需要时间去建立仓位，你需要用经验去摸清自己等待的走势什么时候开始现身。

　　我想让你明白的一点是，胜券在握的交易在某一方的潜力是随着时间的推移而发展的。有时，因为这是你在自己的时间框架内遇到了最好的走势，于是你平仓获得了良好收益，这可能也是你做的最糟糕的事。如果长时间框架的交易者在同一方向入市，那么，市场将在你最初选定的方向上走得更远。当然，只要你愿意，你随时都可以在同一个方向上重新入市。也许对你个人来说，"不持仓过夜"才是你的最佳选择。但如果你正确地遵循规则12，你就会一直寻找线索，来证明你刚刚发现并参与的盈利交易在同一方向上还有更大的盈利潜力。

　　所有这些交易的时间框架需要花费钟表时间来生效。如果多元时间框架的交易者入市，你成功的可能性就会大得多。当规则12和规则11结合在一起时，你就有了一个强大的工具来帮助你让利润运行得更好。当一笔交易盈利时，看看它是不是在一两天后依然赚钱，你可以再审视一下你所在的方向，并给盈利交易加码。

　　为了让这条规则为你服务，你必须跳出固有的思维框架，因为它关系到你的个人时间框架。你的操作应该始终有一个时间框架，但该时间框架并不包含有关净指令流潜力的所有信息。聪明的交易者会考虑其他时间框架的交易者可能会看到什么，因为在某个时间点，来自不同时间框架的指令，要么会增加一个方向上的净指令流，要么会压倒另一个方向上的净指令流，从而导致指令流失衡，阻止价格上涨。每个有操作潜力的交易者都会影响净指令流。那些交易者使用的时间框架比你大还是小，这并不重要。重要的是，他们可能提供的指令是支持还是反对目前运行的净指令流。换句话说，如果他们带着潜能入市，这种潜能会加剧或者减轻指令流失衡吗？

通过观察几个时间框架内的价格模式，你可以逐渐看到市场更有可能走向哪个方向。通过使用多元时间框架来评估一笔交易的盈利潜力，你可以避免更多的低盈利交易。当几个时间框架都在说同一件事，价格也朝那个方向上涨时，随着时间的推移，这笔交易的盈利潜力在增加。如果几个时间框架似乎提供了相互矛盾的价格模式关系，那么，这笔交易的盈利潜力很可能较低。作为一个寻找高盈利交易的交易者，请培养将多元时间框架与你的交易预测进行比较的技能。当你有一个好主意时，在接下来的几个长时间框架内，交易者会对你所在的方向感兴趣，你需要给他们足够的时间去操作。

同时，当长时间框架发出到位信号时，你也得准备好给你的平仓信号。持仓盈利交易并使用多元时间框架的关键，是要知道短时间框架需要提供一个与市场走势相反的信号，以鼓励对面的交易者开户建仓。来自短时间框架的交易者的反向指令正是长时间框架的交易者建仓所需要的。例如，你是买方，采用的是15分钟时间框架，而采用1小时时间框架的交易者正要买入，他希望看到15分钟时间框架的卖出信号，以鼓励15分钟时间框架的新交易者在空方入市，他自己就可以买进入市了。如果你不知道，短时间框架的交易者与长时间框架的交易者在市场前进方向上入市时会发生冲突，你可能会想在你的时间框架内预定一些小额收益。学会让长时间框架来推动你的交易吧。

▼ 规则13
了解你的盈利目标

如果你不知道你要到哪儿去，那通常你哪儿也去不了。

——棒球大明星尤加·伯拉（Yogi Berra）

如果没有一些严格的方法保证你在时机成熟时从盈利交易中脱身，任何交易者都不可能获得最大收益。这有别于持续开发盈利交易潜力的问题。设定盈利目标是必要的，因为你必须在市场上有选择的点位。每笔交易迟早要平仓出市，因为交易早晚会结束。当时间/价格关系达到这一点时，你就要进行平仓，然后等待下一个交易。

做出平仓选择的最佳时机是在你进入交易之前。在你入市之前有一个盈利目标，对你发现开发交易方法和遵守个人纪律十分有益。盈利目标帮助你专注于从盈利交易那里获得最多的报酬。

牢记盈利目标是持久成功的关键，有两个基本原因。首先，这有助于你在已有头寸上保持适当的风险/回报比率。我们稍后会详细讨论，神奇的数字是42%的盈利交易和2∶1的盈利/亏损比率。如果你的表现保持在这个水平上，那说明你已经掌握了盈利的方法，但是如果你不抓住你的盈利交易，你就不能战胜你的亏损交易。弄清自己想从一笔交易中挣多少钱，有助于你把注意力集中在这些比率上。只要你熟悉这些比率并确定你的盈利目标，就会让你远离低盈利的交易。平仓指令的设置价位等于或高于市场价，就可以维持这个盈利比率。当然，并不能确保只要交易就会盈利，但是，设计一个跟随市价指令来获取利润，可以让你从交易中获益，还有助于你保持纪律，并强化盈利交易。

其次，拥有盈利目标可以帮助你避免过早结束盈利交易，让你避免减少利润。只要你的交易还在进行，你就有更多的耐心持仓等待；你正在培养一种急需的自律，"好事"在望。不管你怎么想，没有市场会直线上升或直线下降，偏离或朝着你的盈利目标"奔跑"。达到你的目标价位，需要花费一些时间。如果每一个小小的转变或者价格波动，都会把你吓跑，你就不能为你的亏损买单了。拥有坚定的目标，你就会意识到，你必须耐心等待暂时的价格反向移动。每个市场都在不断变化。

当你持仓盈利交易时，盈利目标就是有效的交易管理工具。它们帮助你专注于寻找良好的风险/回报比率，但更重要的是，它们帮助你持仓盈利交易，以获得最大的潜在收益。只要你认为盈利目标是你的工具之一，你就会着手更多的盈利交易，且可以持有更长的时间。

我找到了一些有用的工具，可以让我对自己的盈利目标保持信心。寻找至少3∶1的风险/回报比率。这不是你的实际盈利目标，这是你打算冒的风险，与你希望找到的市场潜力相对应。例如，你认为一个市场正在形成一个短期空头的机会，你会把你最初的、保护性的买入止损指令放在哪里？在多头交易者入市并提供支持之前，市场能在你预期的方向上走多远？如果你愿意在以天为时间框架的交易中冒50点的风险，市场是否有可能在一天内至少下跌150点？如果答案是否定的，那么，你可能需要转让那笔空头交易。你正在寻找你的风险极限和你的盈利潜力之间的高质量关系。如果市场在其整个历史上从未有过150点的跌幅，那就别磨蹭了，放弃这笔交易吧，很有可能，当天市场的盈利潜力没有那么大。你设定风险/回报比率的目标是基于这样一个前提：如果你进入交易，市场的波动情况会符合比率的要求。将你期望的盈利目标与你之前市场研究的结果进行比较，你会发现，你是否真的掌握了一笔盈利交易，这取决于你所选择的交易参数。你需要将风险与你必须得到的收益进行比较。换句话说，如果你可以冒50点的风险，那么，市场给你的回报不少于150点。了解你的盈利目标，可以阻止你进行低盈利的交易。

拥有盈利目标也可以树立信心，给盈利交易加码。随着时间的推移，许多交易的盈利机会将远远超过最初的预期。当这种潜力变得明显时，拥有盈利目标可以帮助你提出"如果……那么"的良好问题，以提高你的净回报率。当你清楚地看到你最初的目标只是一个小小的"歇脚点"而不是交易的终点时，你最好拥有一个预先设定好的思维范式来给盈利交易加码，要有纪律地进行制胜交易，直到市场的潜力耗尽。

在我的个人交易中，当我第一次入市时，我对每个头寸都有两三个目标。第一个目标是我认为市场会有一个暂停的区域，长时间框架的交易者必须做出决定。例如，如果我在1小时的时间框架内以最低点买入入市，我的第一个目标是当天或前一天的最高点。这很可能是日交易者或周交易者关注的地方，他们要么屈服于卖方压力，要么在买方的净指令流中加码。不管发生什么，我的第一个目标不仅仅是价格，而是时间和价格。我希望看到长时间框架的交易者，用他的指令流来推动我的交易。

我的第二个目标是通常的3∶1的回报/风险比率。如果我正确地预测了净指令流的方向，并且长时间框架的交易者也加入了这一方向，当市场达到我预期的价格时，我必须确定交易是否在同一方向上开发出了更多的盈利潜力，这是一个时间因素。如果涨势"来也匆匆去也匆匆"，市场价格达到了我的第二个目标，却又后退了一点，最有可能的是止损指令奏效了，此时，亏损空头平仓，长时间框架的交易者也会平仓。在这种情况下，价格回升可能不会太多，我要么获利退市，要么移动止损点，至少要保本。但如果这种涨势持续了很长时间，当目标达成时，双方都会保持良性买入和卖出势头，市场在目标价位附近停留了几个小时，那么，可能会有更长时间框架的交易者要挤进来。他们的参与可能意味着市场进一步上涨的潜力仍在积聚。如果市场继续停留在目标价位附近，而成交量和未平仓量也在增长，市场很可能还会进一步走高。我会追加一些头寸，因为实现下一个目标的可能性增加了。

如果加仓后市场继续上涨，下一个目标就会发挥作用。这通常是一个价格区间，长时间框架的交易者就从这里开始。例如，在这种情况下，1小时内的最低点是多投入市的价格区间，因为市场正在前行，日交易者或周交易者也有兴趣做多。随着我们接近"月度有效交易区间"（新交易期的开端），月交易者就会注意到市场动态。由于市场在那之前一直走低，月交易者最有可能的做法是入手短期空头头寸，因为他预测市场在"月度有效交易区间"内会出现反转。或者他会加入多头一方，因为他确信市场会继续下跌。净指令流很可能开始囊括所有交易者的价格/时间关系。一旦价格进入"月度有效交易区间"，该价格将位于每个交易者价格走势图的高点。

现在我们看看时线图上显示的卖出迹象，然后看看日线图上显示的卖出迹象，最后看看月线图上显示的卖出迹象。如果这一过程需要24~48小时，而市场本身在所有这些时间框架内都走低，那么最有可能的是，长时间框架的交易者和短时间框架的交易者都在进行平仓。多头一方的交易潜力已经耗尽，目标达成，交易结束。

然而，价格走势可能继续显示强劲。比如，时线图修正了走低趋势，价格回到有效交易区间尾部的高点，日线图在高点附近收市，价格略低于"月度有效交易区间"，那是一个周五的下午，本周从未发生过"高价抛售导致价格下跌"的情况。在这个例子中，如果市场穿越有效交易区间而进一步走高，那就是加仓的最好时机，因为在长时间框架的交易者现在也在增加多头的净指令流。

在你开始交易之前，制定一系列的利润目标可以帮助你专注于持仓盈利交易的过程。市场是动态的，条件总是在变化的。利润目标可以帮你保持自己的优势，原因很简单，它们让你的注意力集中在真正重要的事情上：交易者进入或离开市场时净指令流的变化。制定一系列利润目标的重要意义在于，你要寻找在价格/时间关系的某一点发生的变化，从而"对症下药"，要么你也来点变化，要么维持现状。当你的目标达成时，价格走势将为你提供重要的线索，以便确定到底是平仓、持仓还是加仓。但在所有情况下，价格目标都是你脑海中预先确定的重要领域。这是你要做些事情或至少考虑做些事情的地方。市场交易是否达到或超过你的目标价格，这并不重要。对交易者来说，在交易管理上保持前瞻性是很重要的。

价格目标是帮助你保持专注于交易的止损点。在交易之前考虑价格目标，将帮助你选择更好的风险/回报比率。制定一系列价格目标并揭示时间和多元时间框架的敏锐行为，将帮助你从盈利交易中获得最大收益。

规则14
不要事后琢磨盈利交易

在重大事务中，我们应该从提供机会的人身上获利，而不是去创造机会。

——弗朗索瓦·拉罗什富科（François la Rochefoucauld）

毫无疑问，你能确定的最具盈利能力的机会都隐藏在市场走势转变的地方。当市场在一个方向上停止前进，并准备朝另一个方向变动时，这种盈利潜力可能需要时间才能发挥出来，但这是风险最低、利润最高的机会。你简直就像是坐在金矿上面。尽管提前建立头寸需要付出努力，但是，一旦建立了头寸，你需要让交易发挥潜力。

这不同于简单的持仓盈利交易，更重要的是保持适当的关注，继续进行必要的分析，以确定交易的基本盈利潜力和技术优势，要在净指令流变化的时候时刻保持警惕，并保持对自己和自己能力的坚定信念。你的交易分析正在发展、完善，市场走势的真正转折需要很长时间才能显现。你最不想做的事情就是重新评估正在发生的事情并尽早退出交易，或者更糟糕的是，你在反方向上建立头寸。

就我个人而言，我可以向你展示我在时间和价格的关键点位所做的交易记录，从市场走势出现转折时开始做多或做空，有时从一年或多年中的高点或低点开始入市。我得到报酬了吗？是的，但没有我应得的多。我的市场预测总是在"更新"。回想起来，我发现这主要是因为我没有足够的专注和自律，没有放手让盈利交易自由驰骋。我印象最深的是1991年的橙汁交易市场。我以每磅2.06美元的价格从空头一方入市，大概以每磅1.95美元的价格平仓出市。是的，我在这笔交易中赚了不少钱，但不到一年，每磅价格就跌了50美分。

当市场处于卖方压力之下的时候，我一直在寻找下一个空头机会，想加入新的"市场抢夺赛"。我说服自己：最初的市场走低突破太快了，下一个回调高点就要来了。但我期望的抢夺赛从未发生。因为我总是满足于获得一笔收益，而不是让交易继续进行，所以我错过了过去10年中最好的空头机会。我的交易预测是正确的，而且最初的时机也不错。但我后来重新审视了我自己。没错，很多失误都是因为缺乏经验造成的，但这就是完善交易规则的全部目的：控制你自己的行为，直到你足够自律，让交易自由驰骋，让利润飙升。

规则14"不要事后琢磨盈利交易"是规则11的"近亲"，也是让利润飙升的关键要素。在许多交易者犯的错误中，事后瞎琢磨付出的代价最大。当价格继续朝着有利于他们最初交易预测的方向前进时，这些交易者不仅会提前平仓，而且经常会犯代价最高的错误：想要兼顾市场的双方交易。如果你想看到你的交易资金顿时化为乌有，那就在两个方向上同时操作吧。

无限的利润潜力的诱惑是如此强大，以至于许多交易者试图从市场的多头和空头两方进行交易，而实际上，市场只在一个方向上蕴藏潜力。当市场在一个方向上大幅上涨时，这种错误做法尤为常见，因为我们都知道市场下跌即将到来，而且将是一场"大跌"。例如，你从今年的第四季度的低点做长期大豆期货，并打算一直持续到明年春季，如果市场在大豆播种前已经上涨了80美分/蒲式耳，如果种植面积高于预期，那我们就有理由认为市场已经达到高点。价格下跌并不罕见，而且可能需要一周或更长时间才能结束。如果你在多头的一方建仓且获利不菲，你可能会倾向于平仓，然后在空头一方建立头寸，等市场回调结束后，平仓空头头寸，在多头一方入市，同时从空头那里获得收益。

问题是，在这种情况下，你可能会做空牛市。记住，这是空头的"骨血"，一直在为牛市买单。你现在把自己放在了市场的一方，而市场已经证明你就处于亏损的一方。是的，40美分/蒲式耳的回调是一大笔钱，是的，这场回调会影响已有的建仓利润。但是，对你最初的看涨预测进行事后"瞎琢磨"的风险在于，你很难把握好参与的时机。在大多数情况下，如果潜在的牛市因素仍然存在，预期的下跌不会完全按照预期发生，也不会达到预期的程度。如果市场依然看涨，市场走势会发生改变，而且上升趋势还要持续3个月，你要等到那个时候才意识到，但你的新空头头寸已经陷入严重的危险之中。如果在熊市因素被忽略或吸收之后，这些牛市因素仍然存在，那么，只需一次回调就可以带走之前平仓所得的大部分利润，而且一旦平仓亏损的空头头寸，你就不会有任何头寸了。如果你没有持有最初的多头头寸，而是反趋势在空头一方待了一段时间，进行了一段时间的保本交易，等待时机重新建立多头头寸，你会发现在牛市方向上，1.5美元/蒲式耳的变化可能意味着很少或没有收益。

所有这一切都可以避免，只要坚持你最初的市场预测，让你的多头头寸发挥作用，直到市场从多头一方的潜力明显耗尽。如果事后瞎琢磨，而你的事先判断正确的时候，你就等于是掏自己的腰包。

现在，我并不是说你会看到大豆每年上涨1.5美元/蒲式耳。显然，在期货市场上，农作物的季节变化趋势逐年不同。我并不是在假设看涨或看跌交易在所有市场条件下都会如你所愿。我只是举了个例子。我的意图是告诉你，无论你如何得出市场在某一方向上的潜力碾压另一方向的结论，如果你坚持自己的预测不动摇，你就会更好地为自己的利益服务。在大多数情况下，你只需要考虑从哪个方向进行交易，你需要找到一种方法，让你最初的头寸保持足够长的时间，让你发现的潜力充分发展。

这条规则背后的心理学原理对你的持久成功至关重要，因为遵循这条规则可以帮助你遵循所有其他"让利润飙升"的规则。如果你怀疑你自己和你的交易预测，很可能会减少交易的建仓收益，你不会给盈利交易加码，你不会拥有你愿意等待的利润目标。当你瞎琢磨时，你就失去了使用多元时间框架的优势，当然，你的记录也会显示，你个人的交易结果数据混乱，不能帮你真正了解自己的优势和劣势。最好的情况是，迅速调整你的预测，这会阻止你找到真正具有盈利潜力的交易，但会提供全方位的更新。最坏的情况是，这会阻止你为你所承担的风险获得最高回报。短时间框架的交易者永远不会像长期交易者那样获得持久的成功，其中一个原因是，短时间框架的交易者没有坚持一种回报最高的观点：辨别市场走势的变化，并紧随其后。

为了让这条规则奏效，作为一名交易者，你需要为你的交易账户的长期健康做出额外的选择。为了获得可能的最高回报率，你需要提前准备并择时应用某些交易举措。当交易预测成立，你最初建立的头寸显示盈利时，请准备好问自己这样一个问题：这个趋势能走多远？如果你愿意考虑，你最初的价格目标可能只是市场大走势的冰山一角，如果你平仓，你必须考虑在同一方向上再次入市。也许在市场价格跨越你的目标价位时加仓是更好的选择。如果你在个人市场研究和记录中保持警惕，也许你会发现某些事情正在发生变化，而你最初的预测比以往更加准确。在这种情况下，至少持有部分头寸是更好的选择。

当你有能力坚持自己最初的结论且愿意坚持到底时，这条规则就能发挥你最大的潜力。当你回顾一些过去的市场走势，洞察在某些情况下持续多年的趋势时，总会发现有些交易者在风险最低、利润潜力最大的反转处站在了盈利的一方。有些甚至是偶然出现在那里的。但随着交易的发展，这些交易者由于自己的原因选择改变最初的预测，要么在潜力充分发挥之前早早平仓，要么在另一方向上建立头寸，蒙受损失。而保持这种心态不仅可以让你在出现买卖差价的时候处于盈利一方，还可以持仓这些头寸，甚至加仓，等待市场走势发挥最大潜力，而不会过早退出交易，你就可以实现"本垒打"了。但是，如果短期波动或下跌让你相信交易不再盈利或市场走势已经终结，你已远离净指令流赚钱的一方或市场具盈利潜力的一方，那只能说，你想多了。要让这条规则为你服务，你首先得从市场中学习交易知识，并愿意给市场足够的时间让交易发挥潜能。

你可以将"让利润飙升"的基本要素整合成一种有效的交易管理技巧，从而获得必要的信心，坚定地持仓盈利的交易，让其他时间框架的交易者得出同样的结论，并在那个方向增加指令流。你将创造出实现目标所需的个人纪律。你要寻找更多的线索，以证明这确实是同一方向上更强走势的开端。当你充分看到这种潜力时，你就可以给盈利交易加码，然后轻松地等待下一个目标光临。

随着时间的推移，当你练习持仓盈利交易且让利润飙升时，你会发现，市场是一个非常大的地盘。有些时候，人们不会看到市场波动开启时的巨大规模，只有少数交易者继续持仓。一旦这种趋势发展起来，每个人都能清楚地看到时，来自净指令流的力量将推动这笔交易前行，而且比你最初的预期走得更远。如果从一开始就对这种可能性持开放态度，会增加你获得意外收获的可能性。如果市场走势真的在发生变化，这些线索会显示出来，你需要接受这样的可能性：你是不是在正确的时间出现在了正确的地方。现在你需要做的就是跟进市场走势。

有能力让利润飙升的交易者，总是对任何可能发展的可能性持开放心态。一旦他们站在盈利一方，就会寻找线索来证明，手中的交易可能有很大的提升空间。他们往往会一直保持这种潜力，直到市场做出肯定或否定的判断，但他们很少事后瞎琢磨最初的市场预测，原因很简单：因为那就是正确的预测。相反，他们会问："我的预测有多正确呢？"如果他们最初的交易预测是正确的，而且多年来都是正确的，他们很可能一直根据自己的预测来进行交易，而他们在交易之前就做出了那样的市场预测。那些交易者认为，任何事情都有发展潜力，如果这种潜力真的发挥出来了，而他们站在了盈利一方，那就坚定地坚持下去吧。

高效期货交易规则

Trading Rules that Work:

The 28 Essential Lessons Every
Trader Must Master

第四部分　交易者箴言录

高效期货交易规则

规则15
了解市场分析的局限性

海底的沉船上都有一堆航海图。

——古老的航海谚语

1986年5月，当我第一次开始交易时，我读的第一本书就是大卫·L.马克斯坦（David L.Markstein）写的《绘制你的股市利润图》（*Chart Your Way to Stock Market Profits*，纽约：Arco出版社，1972年）。后来我把书弄丢了，在网上搜索也找不到。我可能把它扔掉了，现在我对自己每天都在做什么有了更好的理解。关于这本书，我唯一记得的是，当我第一次读到一本为我在市场中致富提供了如此简单的解决方案的佳作时，我是多么陶醉。我没受过什么教育（有些人会说幼稚），不明白事情不会那么简单。对股票交易感兴趣的人可以获得大量的书籍和服务，但对期货或期权感兴趣的交易者可获得的信息非常少。现金外汇市场是银行和民间投资者的专属领域，因此根本没有参考资料。对我来说，作为一名新交易者，最好的做法是真正进入这个行业，从内到外学习业务。所以我照做了。

在开始交易和积累亏损之后，我继续贪婪地吞噬着我能找到的任何市场分析。当时，所谓的技术分析科学仍处于起步阶段。今天交易者使用的大多数技术指标都只是概念。常用的指标，如威廉指标[⊖]、指数平滑异同移动平均线指标和顺势指标[⊖]还没有开发或没有授权给走势图分析服务。许多指标都是公式的形式，你必须手动计算，然后在纸上标出结果。当时，从交易所获得实时数据是非常昂贵的，并且需要专用的计算机硬件。那时不像现在这样可以通过网络获取信息，你需要一个"真人"交易员来进行交易和填写报告。我们今天可以随时登录的网络交易市场还没有出现，这是20多年前的事了。顺便说一句，我在芝加哥期货交易所遇到了推测学的开发者乔治·莱恩（George Lane），那是在1987年，我开始从事全职交易员工作之后。当时他是大家公认的大神。

多年来，我坚持阅读、学习、制图和交易，在实时数据反馈、书籍、音频课程、制图服务、现场讲座等方面投入了大量的资金。这些自我教育历程从来不曾告诉我，期货和期权市场是零和交易。我接触"零和交易"概念的唯一机会是我通过交易员系列三级考试的时候。直到第一次遭遇大溃败之后，我才知道这是多么重要的信息。事实上，当我今天在讲授"交易心理学"课程时，学员中总有至少一个人像我一样，已经交易多年，但从未听说过这个词，也不知道它的含义。零和交易的本

⊖ 简称 W%R，表示的是市场处于超买还是超卖状态。

⊖ 简称 CCI，用来测量股价、外汇或者贵金属交易是否已超出常态分布范围。

质会改变你的市场分析方法，这与市场分析师和图表分析师的说法截然不同。

在成为合格交易者的过程中，我的交易持续亏损。我不断地寻找失败的原因，像大多数新手一样，我相信问题至少有一部分是由于我的市场分析方法。这段时间令我感到沮丧的是，根本问题在于我是如何做市场分析的，但真正的市场分析与技术分析或技术指标几乎没有什么关系。正是这种差异让我突然"消化"了之前所有的理论知识。你也需要知道这种差异，否则你的结果仍将是净亏损，因为零和交易无法用数学方法进行分析，也无法准确预测。技术分析方法的支持者会对这一说法大加赞赏，但我将向你们展示一些东西，帮助你们理解，在零和交易的背景下，恰当地看待技术分析的局限性，正是零和交易的价值所在。

零和交易的本质意味着，只有50%的平仓合约具有盈利机会。一旦净指令流离开了交易者入市时的价格点，多空双方就不可能同时显示利润。如果没有对净指令流的预先了解，一旦你入市，盈利的概率是50%。请记住，我没有使用任何交易预测、分析，或以前的支持/阻力信息。我只是想说明一个事实：一旦市场开始波动，你要么收获一笔建仓利润，要么立即遭遇一笔亏损。我们不是在讨论市场的"复苏"，不是在讨论创造年度新高或新低的可能性，也不是在讨论概率性的走势图，或者其他什么。我是说，从数学的角度来看，不可能让每个人都盈利。

技术分析背后的理念包括：通过某种方式整合或拆分以前的交易价格，将一种常量算法叠加到以前的交易价格上，将以前的交易价格与某个公式进行比较，等等，你可以由此得到一个市场有潜力达到的数字，预测市场走势将发生反转，或者确信市场走势将维持原样。你当下的意愿带来的"诱惑"至此可谓成熟，你已把自己置于危险之中。

然而，市场继续波动的唯一原因是净指令流。大多数交易者认为，如果你在技术分析的"心理之舞"结束后遭遇了建仓亏损，就是因为没有正确进行分析，否则它们会出现在交易的另一方向上。这是一种错觉，而大多数交易者在整个交易生涯中都依赖它。依赖感越深，交易员就会花越多的时间去研究或分析，或者花越多的金钱去开发更好的技术方法。

交易者需要了解一个重要的理论基础：技术分析是对交易历史的剖析和总结，并不具备前瞻性，无法预测未来的价格走势，因为从数学上讲，不可能每个人一开始就是正确的，而且，每个人都采用相似的技术分析方法。

我的桌面上有一份价格走势图，上有21条移动平均线和随机指数，你的桌面上也有这样的东西。如果我们都得出同样的结论（例如，这些数据预测了价格上涨），那么，其他所有使用同样技术分析的交易者都看到了我们从中看到的东西，我们都决定买进，因为我们都相信分析的结果，但我们入市的唯一方法就是有人愿意卖出。卖方如何得出结论，认为现在是入市的时间，但市场随时会走低？他的分析是基于什么理论？

整个过程中真正误导人的部分是，如果交易盈利了，交易者就会认为分析是有效的。这是大多数交易者会得出的结论。交易成功的唯一原因是它处于净指令流盈利一方，但交易者认为是分析的功劳。一旦分析一次有效，交易者就会推断它将一直有效。如果再次使用完全相同的分析，结果却是亏损，交易者会认为错误在于分析的方法。也就是说，占卜未来的"水晶球"这次失效了。但交易者仍然相信自己的"水晶球"百发百中。

如果你做了功课，你会发现任何形式的技术分析在一定程度上都具备发现盈利交易的能力。大多数情况下，基于开发者的预测，所有为系统化使用而开发的技术分析或数学模型在盈利交易方面都有38%~52%的成功率。这比碰运气好不了多少。如果你抛100次硬币，你得到"字"或"花"的概率为52%，或者得到概率论中的随机正态分布曲线。

事实上，基于这种技术分析进行预测的整个行业的人都非常自豪地向你展示系统中交易的盈亏比率。如果你想要真正地打开眼界，那就数一数有多少高科技的、系统化的方法的盈亏比率低于35%，实际上这比抛硬币的概率还低。这些人在想什么？

既然技术分析最多只能在52%的时间里帮助你，为什么你要在100%的时间里相信它呢？

回答这个问题并认真思考你在做什么，是遵守这条规则的关键。你必须知道你的分析的局限性和分析的真正含义。在我看来，有效运用技术分析最简单的路径就是从亏损者的角度看问题。

要对市场进行正确的分析，首先要明白不是所有的参与者都会成为盈利者。亏损者一直都存在，他必须在某个时间平仓。从亏损者的角度来看市场价格走势，想想他们是思考和听信了什么东西之后才把自己置于风险之中的，如此，在亏损者即将平仓的时候，你就可以明智地站到具盈利能力的净指令流一方。最好的分析是通过问这样的问题来完成的："亏损者在哪里？"

你最不希望做的就是试图预测价格走势。你希望你的分析可以揭示历史信息。你想要的信息能让你知道亏损者在哪里，他最有可能在想什么，以及他最有可能在哪里被强制平仓亏损的交易。你已经知道，亏损者相信某种形式的分析，他用它来预测价格走势，结果一定是错误的。有了这样的认识之后，你需要评估亏损者会在什么时候入市，以及他最有可能在哪里进行平仓。你所有的技术分析都用来发现亏损者在哪里，他在想什么办法去直面风险。你的分析最好用于帮助你理解已经发生的事情，然后帮助你推断接下来一定会发生的事情。

这是一个不同于预测价格走势的过程。批判性的推断、洞察力和相关知识与"亏损者在哪里"问题相结合的过程是不可预测的。你真的不需要回答这个问题："价格走势将如何波动？"你只需要回答这个问题："亏损者会在何时何地退市？"

在我们结束关于技术分析的局限性和有用性的讨论之前，我认为最好先弄清楚一些事情，这样就不会有人产生错误的印象。我并不是说技术分析不好或者没有价值。很多技术分析都非常有用，应该成为全面交易方法的一部分。我认为，如果你不迷信技术分析对成功交易的万能作用，那么，你就可以使用技术分析帮你盈利。我相信，只要你明白驱动价格的推手是什么，并配以技术分析，就能得到最好的结果。

只有当某人足够确定他会进行一笔盈利交易，并且他愿意建立头寸来验证自己的预测时，净指令流才会发生变化。抛开净指令流周围发生的一切微小变动，或者，不要选择某种压倒同类的市场分析。最终的结果是，只有一小部分建仓合约在足够长的时间内处于价格走势的盈利一方，从而获得利润。技术分析旨在揭示这种不平等的市场现象，但走势图不能告诉你将会发生什么。走势图和分析只能提供已经发生的事情的历史。这就需要交易者进行分析，根据这些历史信息推断接下来最有可能发生的情况。

规则16
跟随趋势交易

趋势就是你的朋友。

——埃德温·勒菲弗（Edwin Lefèvre）

《股票作手回忆录》（*Reminiscences of a Stock Operator*）

任何交易者，只要从事交易超过一天，都会知道"跟随趋势交易"规则。趋势是管理和灵活运用风险/回报比率的一个因素，大多数交易者试图在交易过程中时刻跟随趋势。确定一种趋势正在进展中，并不是什么容易的事。如果我们抛开所有交易方法的其他部分（如如何正确建仓、限制亏损、给盈利交易加码等）并专注于这一规则，那么我们只有一件事需要关心：市场的方向或趋势。

什么是趋势

在市场上，趋势通常被定义为净指令流的总体移动方向。有三种趋势，只要交易得当，它们都能带来丰厚的利润。这三种趋势都有一个开始点和一个结束点。另外，一个趋势的结束通常意味着下一个趋势的开始。我个人认为，识别趋势何时结束可以成为你的最佳交易工具。当前趋势的结束是在新趋势开始时平仓或建立新头寸的最佳时机，此时风险最低，利润潜力最大。

趋势有三种类型：上升趋势、下降趋势和振荡趋势。很明显，上升趋势如图16.1所示，是由一系列价格组成的体系，其中高价位的价格越来越高，低价位的价格也越来越高。图16.2清楚地显示了下降趋势，而图16.3则显示了振荡趋势。

要想让趋势为你所用，你需要去识别已经发生了什么，并假设这种情况可以持续下去，至少让你进行一笔交易。你还需要确定你的交易方法是否适用于每种趋势。一些系统化方法

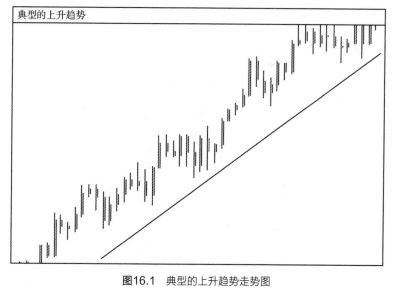

典型的上升趋势

图16.1　典型的上升趋势走势图

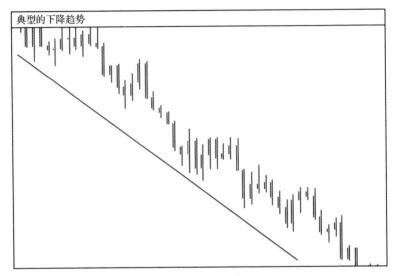

图16.2　典型的下降趋势走势图

图16.3　典型的振荡趋势走势图

或技术方法就是趋势"跟踪者"，另一些是突破点或关键因素的"标识符"。它们不适合在已有的上升趋势或下降趋势下建仓；它们的用途不是在市场上停留足够长的时间，以等待趋势反转并创造利润；它们的最佳用武之地是在一段时间内处于振荡趋势的市场。当振荡趋势结束时，通常意味着在某一个方向上会出现大幅波动。

如果你打算将跟随主流趋势交易作为交易方法的一部分，你要知道你的方法是针对哪个趋势设计的。为振荡趋势的交易设计的交易系统会在任何其他类型的趋势中赔钱，因为振荡趋势的交易预测的时间框架更短，通常采用"平仓和在相反的方向上建仓"策略。如果你不愿意在振荡趋势的底部建立多头头寸，然后从振荡趋势的顶部建立空头头寸，那么振荡趋势的交易系统可能不适合你。

无论你选择哪一种趋势进行交易，这条规则背后的常识心理是"不要与市场论高下"。图16.1~图16.3清楚地表明了哪种趋势在市场中占主导地位，你应该能够选择正确的一方建立头寸，而不需要太多的争论。作为一名寻求长期盈利的交易者，我们要学习的重要原则之一就是：市场永远是正确的。市场非常清楚地说明了主流趋势是什么，从市场中"拿钱"不需要太多的努力、研究或工作，但需要纪律。一旦你跟随主流趋势建立了头寸，只要趋势继续，你只需加仓就是了。不管你最初的平仓目标是什么，如果趋势保持不变，价格进一步上涨，你只需给盈利交易加码就是了，直到趋势结束。

在讨论"发现趋势结束的线索"之前，我想分别讨论以下三种趋势。每种趋势都有一些独特的潜在特征，为了在交易时承担更小的风险，我们需要了解这些特征。

上升趋势

上升趋势是最难掌控的一种趋势，跟随上升趋势交易是非常艰难的事。当你发现市场处于一个关键或显著的低价位时，并不能确保牛市正在"酝酿"中。但如果事实就是这样，牛市真的"诞生"了，专业交易者会视之为一种短期市场状况，一种短期空头机会。普通交易者越确信牛市即将"驾到"，专业交易者可利用的短期空头机会就越好。期货和期权市场中的大部分财富都来自于短期空头交易，这并非偶然。

当我们讨论期货和期权的牛市时，重要的是要注意，股票不在我们的讨论范围之内。股票是投资，不是投机。股票市场的牛市形成的潜在原因与期货和期权市场的形成原因几乎没有相似之处。股票市场不是零和市场，因此造成价格走势的力量是不同的。零和市场中，多空双方的关系是50%对50%，股票市场中，未补卖空差额通常不会超过5%~8%，即使是在剧烈的熊市中也一样。

外汇市场没有牛市和熊市之分。没错，从另一种货币的角度来看，你可能会做多或做空一种货币，但这叫"相对价值"，而不是牛市或熊市。货币并不是真正意义上的钱。纵观历史，货币市场总是受到某些硬通货（如黄金）的支配，只有在过去50年左右的时间里，这种关系才发生了变化。所有的货币都会随着时间的推移而贬值，尽管在一段时间内，它们相对于其他货币而呈现出快速升降现象。货币市场是不可能出现牛市的，即使一种货币相对于另一种货币呈现出短暂升值现象。

如果你打算跟随市场的上升趋势做多，你必须准备考虑短期交易。牛市吸引了很多"小插曲"和"稀客"。例如，1988年，美国中西部干旱期间，我在农作物期货交易市场从事交易。在粮价上涨的高峰期，我的顾客中有一半以上以前从未在任何市场做过交易。许多人买进只是因为他们每天都在新闻上看到这些东西，不想错过一个稳赚的机会。整个牛市在4个月后就结束了，从那以后，农作物的交易价格再也没有达到过那样的高点。牛市在本质上是脆弱的，较之其他两种趋势，通常更容易受到狂热、恐慌和非专业操作的影响。

作为一名成长中的交易者，你跟随上升趋势的最佳交易方法就是要遵循这样的观点："所有这些可能在明天就会结束，根本没有所谓的牛市。"当你跟随上升趋势交易时，对多头头寸要时刻保持高度警惕。牛市会让我紧张。

下降趋势

跟随下降趋势交易是增加账户余额最安全且最赚钱的方式。一旦压力来了，市场可能会走很长一段路，在下降趋势中持续好几年。与上升趋势相反，熊市需要很少的东西来维持运转；因此，老练的交易者说："牛每天都要吃东西，熊只需要偶尔吃一次"（指的是消息和新交易者的闯入）。关于熊市，我将在规则24中详细讲解。

下降趋势总是在上升趋势之后。零和交易市场的本质是，任何牛市之后都会有一个同等或更大规模的熊市。如果你的交易方法包括短期空头头寸，那么，对任何牛市都需要密切关注，因为趋势变化不可避免。这只是时间问题，如果你准备好了为空头头寸加码，且愿意保持自律，那么，随着时间的推移，你会在空头一方赚到一笔可观的财富。正如我前面提到的，农作物期货交易价格再也没有回到1988年春季牛市期间的高点。如果当年6月在空头一方入市，那么现在还在赚钱。如果你真的想认真对待交易，想让这条规则为你服务，那么，请在你的常规分析和交易选择中寻找等同或更大规模的下降趋势。

振荡趋势

在振荡趋势中交易对你来说赚钱最容易。在振荡趋势中过早做多或做空的风险，要低于市场处于上升趋势或下降趋势的时候。无论你怎么想，你在低点买进和在高点卖出的时间总是会早了那么一点点。在振荡趋势的交易中，买入和卖出的点位是你预先决定好了的。你真正的唯一的问题是，当你第一次以某种方式操作时，振荡趋势是不是已经终结了。

我发现振荡趋势是短期交易中最具盈利能力的交易机会。当一个市场处于典型的振荡趋势之中，通常至少需要三四次尝试来寻求新的更高或更低的平衡点。换句话说，一旦振荡趋势形成，在两个方向上突破的风险都很低，因为通常买方或卖方都在振荡趋势中进行两次可靠的尝试。你的买入价格只要不超过价格区间底部5%的幅度，你的卖出价格不超过价格区间顶部5%的幅度。如果超过了，你可以平仓，并在反方向上建仓，尝试抓住多空两边的机会。

振荡趋势的交易在120分钟或更短的时间框架内更常见。几乎所有的上升趋势或下降趋势都经历几个小时到几个星期的振荡期，然后再继续上升或下降。一些交易者跟随着上升趋势或下降趋势建立最初的头寸，然后，当振荡趋势明显时，他们会在同一方向上做短期交易，直到整体趋势恢复。然后，他们会给最初的头寸加仓。

清晰评估趋势的好处

上升趋势、下降趋势和振荡趋势出现的频率是固定的，每一种趋势结束时都有更好的赚钱潜力。一旦上升趋势结束，就会很快出现下降趋势。振荡趋势在下降趋势之前出现，振荡趋势结束后，上升趋势或下降趋势会有所"拖延"。换句话说，振荡趋势现身一段时间后，牛市或熊市通常会继续"前进"一段距离。当下降趋势结束时，通常会有一段时间的振荡趋势。下降趋势结束后，上升趋势立即开始，并形成"V"形反转，这种情况十分罕见。在大多数中位价市场（没有明显的高价点和低价点），趋势识别的过程是这样的：振荡趋势，恢复上升趋势或下降趋势，振荡趋势。

上升趋势或下降趋势结束的这段时间是最具盈利能力的时段，因为在价格反转到趋势变化之前，风险低，利润潜力大。事后也很容易识别趋势从上升到下降（或者从下降到上升）的变化，因为价格走势图会清楚地告诉你方向的变化。但在大多数中位价市场（比如10年的价位都很平稳）中，在市场走势发生转变之前，会有一系列的振荡趋势。如果日交易量和未平仓合约数量在这段时间内下跌，这段时间正好紧跟在上升趋势或下降趋势之后，那么，走势很有可能出现了反转，请看图16.4。

图16.4　趋势变化：上升趋势之后，紧跟着就是下降趋势之前的振荡趋势

美元或瑞士法郎现金现货外汇，2005年4月17日至2006年4月17日。由G.T.S.制图公司提供。

　　关于这一规则，重要的是要记住，三种潜在趋势中的每一种都有其独有的特征。建立一套可靠的交易方法，就是要让你的个人交易方法符合最适合你的趋势。我接触过一些交易者，他们在充分了解市场心理和个人心理之后，决定只跟随一种趋势交易，而不是尝试抓住所有潜在的价格走势。事实上，业绩最佳者通常是跟随下降趋势短期做空，或是抓住振荡趋势空方的交易者。

▼ 规则17
高效地管理资金

成功不在于有足够的资本，而在于合理地分配资金。

——弗兰克·A. 陶赫尔（Frank A.Taucher）

每个交易者都曾犯过资金分配不恰当的错误。我的意思是，交易规模太大或太小，给亏损交易加注，过早平仓导致利润减少，或未能给盈利交易加码。在现实中，资金分配不属于交易管理的功能。借助它能理解"谁在承担风险、谁出于什么目的利用市场"。很少有交易者完全理解真实风险和认知风险之间的关系。明白这个道理的人就更少了：从一开始就正确地预测风险是增加账户余额的关键。

关于理财的书有很多。绝大多数的此类书的出发点都是基于这样的理论：承担不合理的风险是你的投资组合中所有问题的根源。许多成功的投资者都拥有多样化的投资组合，在低风险、中风险和高风险的投资中占有不同的比例。潜在的假设是，你承担的风险越大，你的潜在收益就越差。如果你更深入地研究资金管理的问题，你会发现，真正的问题是：谁在管理财富？他们在想什么？

我认识很多人，他们认为自己的投资组合很多样化。他们将40%左右的资金投资于低收益领域，如市政债券或美国国债。他们将30%左右的资金投入成长股或房地产上。其余的资金则分散在初创企业或高科技股票上，如生物科技或替代能源股票等。据我所知，他们基本上满足于保留资本，同时希望得到最好的结果。他们不想承担太多风险。

所有这些"安全"或"低风险"投资，归根结底都是由其他人控制的。例如，我买了一只股票作为投资，我的资本投资的潜在增长实际上是由那家公司的管理团队的效率决定的。如果事实证明，管理团队对潜在的商业环境变化反应迟钝，那么，公司继续增长的市场份额（和股票价值）的潜力就会下降。如果我投资某种债券，那么，利率的多少取决于我把资金留在别人手里的时间长短。如果某市政府想要修建一条新的高速公路，并通过发行债券来筹集资金，那么，随着时间的推移，这条高速公路赚的钱将远远超过它需要偿还的利息，而我必须持有债券几十年。

所有这些常识都为专业的资金管理者所熟知，他们拥有大量的数据，旨在最大化收益、最小化风险。他们将大量资金配置在尽可能多的不同的市场机会上，并向你（投资者）支付收益（扣除手续费）。作为投资者，你必须满足于获得任何资金管理者想方设法赚取的收益。专业的理财经理不是冒险家，而是风险规避者。

对于我们交易者来说，情况则完全不同。当我们认为当前的市场价格比我们预测的未来价格高很多或低很多的时候，我们会寻找一些认知的机会。我们出发的前提是，冒险是肯定值得的。但是，要知道承担风险必须了解最佳价格/时间关系，是艰难的。在我看来，我们之所以存在这个问题，是因为我们不知道资产分配和资金管理是为了投资，而不是交易。交易就是要冒别人不愿冒的风险，从而获得收益。

如果你研究白手起家的富人，你会发现他们都有一个相似之处：他们对自己财务的控制和资源分配方式都与普通人不同。他们承担了别人承担不了的风险，且获得了大量利润。大多数白手起家的富人都明白，人们愿意掏钱来规避风险。这也是"别人的钱"的概念发挥作用的地方。毫无疑问，正确使用自己的资金，将带来"使用别人的资金"的机会，从而为风险承担者创造了杠杆。在市场上我们称之为"交易保证金"。例如，如果你做的是原油期货交易，合约总值远远超过了你得到该合约所需的资金数额。在你控制该合约的时间里，那些原油可能在世界的某个地方。有人愿意让价格变化对自己有利或不利，其中一类人就是套期保值者[⊖]。如果知道套期保值者什么时候在市场上活跃，你就会知道如何合理分配资金了。

套期保值者的目标是将风险转移给投机者，而你就是这个

⊖　指那些通过放弃部分潜在收益来降低风险的人。

投机者。当套期保值者觉得是时候把风险转移给你时，你就该分配你的资金并承担风险了。正确使用资金要从接受风险开始。那些希望在不承担太多风险的情况下获利的个人交易者，正在把自己置于交易灾难的境地。除非你承担风险，否则在市场上交易是不可能成功的。当不想承担风险的人活跃起来的时候，你就有一个很好的去承担风险的机会。关键是要明白，低回报率是支付给不承担风险的人，而高回报率是支付给承担风险的人。

还是以原油为例，当一个套期保值者做空入市，他看空原油是因为他认为价格下跌是可能的，甚至是即将发生的。他把期货市场作为价格风险转移的场所，他说："我不想承担价格下跌的风险。"谁最有可能知道价格是否可能下降？难道不是那些以卖原油为生的人吗？当套期保值者活跃起来的时候，你就应该明白，是时候分配资金并承担套期保值者规避的风险了。你现在拿着自己的资金，为他撬起了市场知识的杠杆。

我并不是说，你应该做空进入原油市场，仅仅因为套期保值者今天做空原油。我的意思是，正确进行资金分配始于弄清楚谁不想在市场上承担风险，同时敢于接管风险。在大多数情况下，只要知道套期保值者在哪些价位上说"这就够了"，你就能在最好的价位上开始使用资金。高效的资金管理，始于在正确的时间承担正确的风险。其余的都是理论。

为什么这一观点是高效资金管理的基石呢？因为市场是为套期保值者而不是投机者设计的。投机者试图从对价格预测的认知中获利。套期保值者使用的是实际价格。在大多数情况下，套期保值者在参与期货市场交易时都在期待价格发生变化。如果价格变化没有发生，他不会受损。如果价格确实发生了变化，他就受到了保护，并提供了从价格变化中获益的机会。在大多数情况下，套期保值者活跃时会阻止价格上涨或下跌，抑或至少延缓价格上涨或下跌。知道套期保值者在何时何地活跃，可以为你提供重要的线索，让你知道什么时候该承担实际风险、什么时候该增加你的账户收益。

风险认知是资金管理本身关注的问题，也是大多数交易者关注的问题。他们想玩交易游戏，但不想花钱。市场上只有一种风险：你可能搞错了净指令流的方向。你可以通过接下来的交易价格立即发现这种情况，所以，风险认知并不是真正需要关注的问题，除非交易者不知道或不愿意接受实际的净指令流。你要避免的是某些交易者对你的初始仓位不感兴趣，而他们已经从市场中获得了最大利益。你不想从其他投机者那里买进或卖出。你要么跟随套期保值者一起买进或卖出，要么跟套期保值者对着干；但在很大程度上，你要避免与其他投机者对抗。

一旦你承担了别人不想承担的风险，市场在对你有利的方向上移动，给你的初始仓位带来利润，正确的资金管理的其余部分开始发挥作用，但只在依然持有交易资金时才有价值。如果你已经交易了一段时间，进行了一定数量的交易，但你的账户余额低于你最初的交易资金，你唯一需要发现的是如何经常站在净指令流的盈利一方。一个有价值的线索是知道套期保值者何时活跃，因为他们只会在真正重要的价格区间操作入市，以规避风险。事实上，大多数投机者都是亏损的，这意味着一定数量的投机者和套期保值者处于交易的对立面。当普通民众和嘉吉公司（一家美国的大公司）都在小麦期货市场交易时，谁更有可能盈利呢？

一旦你有了一个盈利仓位，必须分配更多的资源给盈利交易。在这一点上，资金管理的4个基本规则如下：

1. 变动保护性止损点，直到收支平衡点。

2. 买进期权以锁定利润。

3. 回调时给盈利交易加码。

4. 套期保值者在另一个方向上活跃时减仓。

我发现，在建仓初期，风险金额占账户总额的1.5%，会让你一直留在交易游戏中，直到你找到盈利交易并在交易中领先。使用期权锁定利润，会释放账户里的资金，给盈利交易加码。当套期保值者在另一个方向上活跃时，交易游戏就会受到限制，可取的做法是平仓部分或全部头寸。

我知道大多数交易者都希望这条规则讨论的话题是比率、百分比、止损指令设置，等等。让规则奏效取决于理解规则背后的心理因素，并让这种心理适应你的个人交易方法。高效资金管理背后的心理因素是，先是保护你的资金安全，直到你找到盈利交易。这是很容易做到的。任何一笔交易的风险金额都不要超过账户总额的1.5%。一旦你掌握了盈利交易，你就可以给它加码，让它发挥作用。当净指令流在你的方向上干涸时，你就平仓出市。当净指令流即将发生转变时，你就入市，当净指令流再次改变方向时，你就平仓。在这两点之间，你可以变动止损指令，或在期货的反方向上购入期权，从而给盈利交易加码并降低你的建仓风险。

高效管理资金的最好方法就是寻找别人不愿意承担的风险，然后入市，这通常是套现保值者感兴趣的价位。其余的都是常识问题。

规则18
了解你的比率

我是怎么发财的？嗯，我一开始卖苹果。我以50美分的价格批发了一打苹果，把它们擦得漂漂亮亮的，以10美分一个的价格卖出去。就这样，我一直干，赚到了3000多美元。后来，我的叔叔去世了，给我留下了140万美元。

——喜剧演员汉尼·杨曼（Henny Youngman）

每个行业都有比率，每个行业都有支出和收入，每个行业都有市场份额，每个行业都有盈利和亏损的机会。市场交易和其他行业一样，作为一名交易者，你的长期成功的一部分将来自于你要确切地知道你的资金平衡是什么样子。你必须知道你的支出和收入，你必须知道你的市场份额。你必须知道你的盈利或亏损的关系，你必须知道你的比率。

比率为你的交易运转实况提供了重要的线索。当我在"交易心理学"讲座上讲课时，我仍然很惊讶，有些交易者竟然无法出示他们最近交易结果的详细信息或打印记录。他们也无法描述他们交易时的表现。这些交易者只有一条信息可用:他们交易账户的余额。这就像经营街角的一家面包店,每天只有一条信息:你的支票账户余额。你对你的开支、水电费、原材料成本、面包的利润率一无所知。想象一下,以这种方式经营一家企业,会怎样呢?大多数交易者正是以这种方式经营自己的交易。他们很少或根本没有记录交易运转的真实情况。

准确地保持记录和定期计算你的比率,将为你提供一些重要的信息,给你带来一些切实的好处。首先,通过了解你每天的实际表现,你会更清楚地看到你是如何遵守自己制定的规则的。其次,了解你的业绩比率,会给你一些线索,让你知道你的日常交易的哪些方面需要改进。最后,可能也是最重要的信息,在你犯严重的错误之前,会有更多的可用数据来警示你。了解你在实际交易中的表现,可以让你清楚地了解,从那时起你需要做什么。如果交易者不能对自己每时每刻的表现进行定期的、批判性的评估,他就不会拥有在交易中表现最佳的机会。

每个交易者的交易方法中都有一些独特的部分,需要比其他部分获得更多的关注。就我而言,我有过度交易的倾向。我需要定期批判性地审查自己的日常交易情况,因为如果不小心,我很容易在这方面违反纪律。我在持仓盈利交易方面没什么问题。所以,对我来说,定期评估自己的交易记录是非常有用的,因为过度交易通常会导致亏损。当我开始过度交易时,我的记录为我提供了线索,通常情况下,我可以及时止损。

在最糟糕的情况下，我也可以应对，因为我学习并遵守一个规则，它是我的个人纪律的重要组成部分。我制定了这个规则是因为我通过定期严格检查自己的交易记录而发现自己有过度交易的倾向。

当你要求自己保持准确的交易记录时，就需要计算你的比率。不管你怎么想，我们的最终结果的一部分可以归因于概率的产物，因为我们是在一个充满不确定性的舞台上运作。我们不能事先肯定地知道我们将站在净指令流的盈利一方。一旦我们开始操作，就会有得有失。这些结果的一部分是由于偶然或随机因素。如果我们能保持对市场的高度关注和严格的纪律，我们就能让这些概率对我们有利。这样的神奇数字来自于盈利交易与亏损交易的比例，盈利交易占全部交易的42%，利润与损失的比率为2:1。这些数字是"破产概率矩阵"的一个部分，如图18.1所示。

		百分比						
		30	35	40	45	50	55	60
	1:1	99	88	88	73	50	27	12
	1.5:1	98	85	50	17	4	1	0
盈亏比率	2:1	74	38	14	5	2	1	0
	2.5:1	40	17	7	3	1	1	0
	3:1	23	11	5	3	1	1	0
	3.5:1	17	8	5	3	1	1	0
	4:1	14	8	5	3	1	1	0

破产的定义是原始资金减少50%。

图18.1 破产概率矩阵

　　破产概率矩阵是基于众多数据的计算而来。首先，它抽取100个事件；在这种情况下就是100笔交易。其次，它将破产定义为原始资金减少50%。最后，促使事件发生的方法体系在每个事件中总是相同的；换句话说，在100笔样本交易中，每笔交易的操作都是出于完全相同的原因。

　　根据这个矩阵，如果你做了100次交易，其中42%为盈利交易，此外，每损失1美元，就能挣回2美元，那么，你破产的概率略低于14%。如果你自己计算这些数字，你会发现实际上产生了26美元（42×2-58×1）的利润，但破产矩阵使用了全面的概率论。这包括所有亏损的交易可能在前58次交易中出现，或者在100笔样本交易完成之前，你的交易资金可能会缩水50%。

　　请注意，盈利概率高的交易并不意味着你的账户会净赚。如果一个人的盈利交易比重高达55%，但他每次赚的钱和赔的钱差不多，那么，他破产的风险就更大。实际上，如果你的盈利交易更少，但坚持持有这些盈利交易，以获得更高的盈亏比率，那么，你的账户收成也许会更好。当然，最好的交易出现在矩阵的最右边。如果一个交易者的盈利交易比重达到或超过60%，而且盈亏比率略高于1∶1，那么，他就没有破产的可能。

　　当你仔细思考这些数据时，你会惊讶地发现，以上的计算只是基于一个100个事件的抽样交易。抛硬币预测是"字"还是"花"的概率为52%。当矩阵的抽样交易更多时，交易系统的破产概率会下降，但投硬币的概率不会变。这意味着，如果你做了1000笔交易，盈利比重为42%，盈亏比率为2∶1，那么，破产概率会降到8%以下。你越坚持交易，你做得就越好，你选择成功交易的能力不是靠运气。这就是"黑箱"或系统交易员的成功秘诀。他们真正要做的不是选择盈利交易，而是持有盈利交易，并在选择交易的方式上保持完全一致。

为了利用个人交易的破产概率矩阵，你需要知道你从哪里开始。我建议你回顾一下你最近的100笔交易，计算一下你的比率。一旦你掌握了这些知识，你就可以着手改变你的交易方法，以利用你的交易优势，并最小化你的交易劣势。如果你发现你的交易中盈亏比率很高，你只需要培养一种技能，让你的盈利交易保持更长时间。也许这意味着在平仓前再等24小时。也许你的盈利交易比率很低，但你通常每损失1美元就能挣回2~3美元。这可能表明你需要改进你的入市时间。有时，这意味着你最初的保护性止损指令太靠近你的入市点；也许范围更大的止损指令会帮助你更好地寻找盈利交易。当然，你还需要控制头寸的规模。具体怎么做，你要自己领悟。

保持记录，收集数据，可以为你提供各种各样的有效信息，进而提高你的交易比率。与我共事的一位交易者发现，他在每周一到周三的盈利交易比率非常高，但在周四和周五会下降。他给自己定了一条新规则：如果到周三下午还没有赚到一定数额的利润，他就退出一周内的一切交易。如果他的交易账户净额在周四或周五下跌，他的投入将不会超过周一至周三利润的一定比例。他从来没有利用这些知识改进交易方法的任何部分。他只是发现他在这周开始的时候表现很棒,但在这周快结束时有亏损的倾向。在了解了自己的个人交易业绩后,他将自己的比率提高到了矩阵的最右边。

如果你仔细思考,你会发现,在任何一个行业中,成功和获得的信息都是有关联的。有一些行业周末不营业。他们根据经验了解到,周六和周日的花费超过了收入。还有一些行业不需要店面。每个行业都有可以改进的部分和需要经常做的事情来增加成功的可能。

在交易环境中,我们每天所做的部分事情就是不要把钱存入我们的交易账户。交易的时候,有些东西会轻易增加我们的账户收入,有些东西却会掏空我们口袋里的钱。通过非常详细和准确地记录你的实际交易表现,你可以计算出最后的交易结果有多好。你需要知道哪些是你真正做得好的,哪些是需要改进的。因为交易就是交易,我们的一部分交易结果不在我们的控制范围内,我们需要有关账户净额的数据来帮助我们改变我们可以控制的东西。我们需要了解自己的比率,让我们保持正常状态,从而明白在哪些方面需要对我们的行为进行额外的控制。

请永远记住,盈利数据是42%的盈利比重和2∶1的盈亏比率。我还建议把佣金和费用计入盈亏比率。它们是你支出计划的一部分,所以你需要解释清楚。

规则19
知道何时休息一下

伙计，当你处于黑暗之中，请勇敢一点，放松一下，继续狂欢。

——丹尼斯·奎德（Dennis Quaid）
在《太空漫游》（*Innerspace*）中（饰演塔克·彭德尔顿）的台词

对于新交易者来说，最难的事情之一就是意识到市场不会无处不在。金融市场在全球范围内的演化过程，就像任何明显的演化过程一样。生物生命形式的变异和变化，天气模式的发展和变化，技术的发展和更新，任何你可以找到某种增长模式的地方，都有可能继续发展和变化。我认为，当前的商业和经济环境将被纳入这一变革和发展进程，这是一个靠谱的赌注。几乎可以肯定的是，金融市场不会倒退，也不会消失。各种市场都不会乱跑。

大多数交易者会同意这一观点，但他们就此打住了。我们会轻易地说，我们知道市场明天会存在，而且很可能只要人类还在这里生活，就会一直存在下去，但把自己从交易环境中移除，暂时去做其他事情，就完全是另一回事了。许多交易者很难做到这一点。如果不能几乎持续地与市场保持联系，大多数交易者会产生巨大的损失感；他们不想错过重要的消息或完美的交易。许多交易者会一连好几天不睡觉，尽可能24小时不间断地交易。如果他们交易的那个市场第二天才收市，这些交易者会觉得有必要分析一下自己的头寸，为下一个交易区间选择多个机会，或者无休止地研究市场评论。

交易者群体对他们的市场以及他们认为每天都可以获得的利润潜力几乎有着狂热的痴迷。对于这些个人来说，停止交易，哪怕只是一天，都是一个巨大的挑战。只要看看提供实时操作的便携式交易终端的飞速普及就知道了。什么样的机会具备如此巨大的优势，以至于我连抽15分钟等公交的时间都做不到，因为我可能会失去一笔利润。

随着时间的推移，所有这些海量的市场数据和所有最先进的交易工具都演变成了一种方法，要么是为了理解这种疯狂行为，要么是为了利用越来越隐秘的机会。这个机会与一个基本事实相关：一切都在变化，而且永远不会停止。如果你愿意，你可以交易期权，你可以交易污染期货，你可以交易电力，你可以交易股指。此外，你还可以在乘出租车去看你女儿的独奏会的路上，在掌上电脑上获得实时数据。别忘了带上你的手机，以便你在需要时打电话给你的众多交易员中的一个，然后在昨天晚上（或者今天早上）完成你在亚洲或欧洲的交易合约。

这是一种疯狂而愚蠢的行为。

这种超级连接或灵活性不会帮助任何交易者更好地交易或最大化自己的潜力。我想提醒大家的是，目前的演变状态和金融专业化还不足以改善交易环境，让更多的亏损者变成盈利者，让更多的盈利者变成更大的盈利者。在我们进入21世纪之际，金融发展正在失去控制。

我们需要记住，交易不是一门科学，而是一种艺术形式。科学不能造就优秀的艺术；这就是为什么科学就是科学。作为一个想要发展和保持自己的优势以获得最佳表现和最大利润的交易者，我们需要后退一步，并专注于真正创造利润的是什么。你的思维创造机会，如果你的思维受到影响，机会也会受到影响。

我认为交易是一种非常个人化和主观的体验。没有两个交易者会以完全相同的方式看待市场。没有两个交易者会以完全相同的方式建立头寸。没有两个交易者会以完全相同的方式关注相同的信息，也没有两个交易者会对价格走势得出相同的结论。任何两个交易者身上唯一的共同点就是他们在同一个地方买卖。正是由于交易环境的这种主观和自我的特质，知道何时休息一下的问题才变得如此关键。当你的思维不再处于最佳状态的那一刻，你的交易表现就开始下滑了。

如果你观察过任何领域的顶尖人才，你可能会注意到一些事情。首先，他们按照自己的方式玩交易游戏。例如，如果他们从事商业活动，他们会按照一定的方式做事，而且很少离基线活动太远。如果他们真的以一种特定的方式改变了他们正在做的事情，他们将会有一个非常健全合理的、深思熟虑的理由。其次，他们知道什么对盈利是重要的，并以尽可能多的方式保护这种潜力。真正重要的不是潜在的利润或如何实现利润，他们知道做什么会奏效、做什么会带来利润，他们知道自己对此了如指掌。作为交易者，我们做着同样的事情。

然而，许多其他领域的顶尖人才还记得一件事，他们把生活看作一个整体。他们对平衡状态感兴趣。他们知道生活是由许多不同的东西组成的，而事业只是其中之一。事实上，他们会告诉你，他们做生意是为了更全面地享受生活的其他方面，这些事情会为他们创造更多的能量，让他们的工作做得更好。对于那些赢家来说，事业更多的是一种手段而不是目的。如果你看看那些杰出运动员的生活，你会注意到，虽然有些事情是不同的，但有一个基线是非常相似的。他们定期训练以保持身体健康，他们严格控制自己的饮食，他们参加比赛以保持紧张心态，最重要的是，他们知道什么时候该休息一下。

在几乎所有的其他职业中，所有参与者的表现都是不同的。不是每个人在一个职业中都是顶尖的执行者，但在大多数职业中，你可以在不成为顶尖人物的情况下挣到钱。而在交易中，如果你不是表现最好的交易者，那你很可能会遭受亏损。记住你不是在和其他交易者竞争，你是在和自己竞争。如果你在交易游戏中没有处于最佳状态，你完败的可能性就会增大。

因为交易具有主观和自我的特质，所以日常的、良好的市场表现必须包括适当的休息。我的意思不仅仅是睡个好觉，虽然这是不言而喻的事。我的意思是你应该花时间给自己的精神"充电"。只有你自己才能决定这对你个人意味着什么，但你需要定期抽出时间逃离市场，趁机休息一下。当你在做任何对你有益的事情时，考虑一下是不是也可以远离市场。也许你的交易计划也包括每周、每个月或每个季度定期做点别的事情，包括把你的笔记本电脑"落在了家里"。

就我个人而言，我发现定期远离市场能让我放松下来，对事情有一个全新的视角。我通常每两三个月就会休一个4天的小假期。如果我做得足够好，我可能会去外地旅行，但我总是要花几天时间来"充电"。我有很多爱好，我经常尝试享受这些爱好，比如制作飞机模型。所有这些远离市场的大大小小的举措都做了一件非常重要的事情：它解放了我的思维，保持了一种平衡感。我发现，尽管交易非常有趣和令人兴奋，但如果我没有适当地平衡自己，就无法达到最佳表现。无论我们的成功程度如何，生活中总有比我们以什么为生更重要的事情。

如果你有配偶或孩子，平衡感就更重要了。许多人的婚姻因为有一方太过专注于自己的工作，以至于没有时间或精力去关心真正重要的人、家庭和身体健康而遭受了"人生亏损"。不要成为那种爬上成功阶梯却发现自己靠错了墙的交易者。尊重你的个人心理状态和你周围人的情绪健康，在成功交易的紧张世界和更有价值的人与个人健康的无限世界之间保持适当的平衡。没有一个真正成功的人会让自己的生活失去平衡。与大多数职业相比，市场交易可能需要更多的创造力、激情、承诺和精力。市场交易还有可能在一天结束时没有为其他事情留下任何时间和空间。良好的市场表现需要我们定期做一些保持平衡感的事情。

每天锻炼是保持平衡感的好方法。周末至少花一天时间做一些不需要太多思考或根本不需要思考的事情。比如带孩子们去动物园或者去看球赛。每年至少计划一次假期，而不只是一两天，这是另一个很好的充电方式。就我个人而言，我每年至少花两周的时间度假。所有与市场有关的东西都"落在了办公室"，我去海岛上玩帆船。我回来的时候已经满血复活，准备迎接明年的各种机遇。

我并不是说这些东西会对你有用，但毫无疑问，有一些你个人非常喜欢的东西，往往因为交易的压力而被排除在你的生活之外。在远离市场的同时定期做这些事情，会帮助你保持头脑清醒。当合适的机会来临时，你不会感到疲惫、精力不足或者脚忙手乱。同时，你将有更多的头脑资源来更好地管理这些交易，你会看到交易中更多的门道。

重要的是要记住，这条规则是关于提高你的交易表现的。你真的不需要每天交易。你不会错过任何东西的。市场永远不会结束，当你休整完毕又回归工作的时候，市场还会在这里。你不会错过任何精彩的比赛，一场网球比赛不会毁了你一年的好心情。当你觉得你的表现开始有一点下滑时，花点儿时间退后一步，滤掉杂音，重新获得平衡感。

那些每时每刻都在进行交易的交易者，犯错的概率会很高。别做那样的交易者。你要知道何时休息一下。

▼ 规则20
不要只凭消息交易

预见隐患等于防范一半。

——托马斯·富勒（Thomas Fuller）

《福布斯关于机遇的思考》（*Forbes Thoughts on Opportunity*）

与价格走势相关的一个更有趣的现象是消息面（市场要素）和交易者参与之间的关系。对此，有一个古老的交易者谚语，你一定听说过："谣言传播时买进，消息成真时卖出。"这句话是交易者从多年观察中提炼而成的，它已经演变成一种更复杂的计时工具，我称之为"不要只凭消息交易"。

这条规则背后的心理因素根本不复杂。这条规则也不应该鼓励交易者忽视消息面。相反，消息和时机之间存在着一种独特的关系，如果你只凭消息入市，这种关系会给你带来致命的后果。再次停下来，仔细思考净指令流、建仓交易和交易者想要建立或退出头寸的问题。还要记住，由于零和交易的本质，市场中不是每个人都能获利。正如我们以前讨论过的，除非你站在了净指令流的盈利一方，否则你不能获利。为什么有人要建立头寸呢？因为他们希望从自己对价格潜力的认知中赚钱。当交易者的认知发生作用时，他们就会开始操作。当我们学习使用这条规则时，我们关注的就是这种认知。

让我们用一个非常简单的例子来看看这个规则的价值吧。假设现在是10月初，橙子即将迎来大丰收。10月恰好也是飓风出现的高峰期。在第一周的周一，天气预报员发出警告，在大西洋中部，一个热带低压正在酝酿成一场飓风。预计这场飓风会直接穿过佛罗里达半岛的中心地带，这里是美国2/3的橙子产区。橙汁期货价格也开始上涨，因为有分析认为，飓风可能会严重破坏橙子，甚至会破坏今年的收成。一些交易者正在观望事态的发展。

周一过去了，周二和周三也过去了，越来越确定的是，到周六早上，这场飓风将以5级风暴的形式登陆，就在橙子产区的中心。橙汁期货价格继续攀升。周四气象中心宣布，这场风暴有95%的概率会经过橙子产区。由于橙汁期货在周五收市时出现了涨停现象，再加上交易市场要暂停交易两天，直到周六早上，飓风"刮走了"今年的橙子收成。未获得合约的买入指令也继续增加，直到那些寻找下周潜在高点的投机者入市。

一个经验丰富的交易者清楚地知道这是怎么回事。让我们快进到下周一，交易市场重新开市。早在本周六晚上和周日早上，来自佛罗里达橙子产区的新闻报道显示，这场灾难带来的损失是巨大的。人们不仅失去了家园和生意，甚至失去了亲人，据估计，橙子产区至少亏掉了今年一半的收成。周一早上，只要手机一打开，买入指令流就会继续增长，交易者们完全确定，在接下来的几个月，他们都不会在厨房桌上看到一杯橙汁。这种情形叫作市场涨停。

在电话铃响个不停，夹杂着交易员"是，是，是"的应诺声中，市场开市涨停，然后，交易者开始卖出。这大约需要一个小时，但到那时，买方的指令流已经被有意愿的卖方吸收了。慢慢地，市场开始悄悄地走低。突然，市场急速下跌。到周一收市时，橙汁期货市场跌停，周一买进入市的交易者被套牢，无法平仓多头头寸。市场在周二开市时跌停。

发生了什么事？毕竟，橙子已经"飞走"了！

但这不是重点。关键是交易者只凭消息交易，或者他们根据消息瞎琢磨之后就冲动交易。更好的问题是，哪些交易者愿意卖出？

有意愿的卖出的交易者是在上周一买进入市的。他们相信了这个谣言。当谣言变成事实的时候，价格走势已经成型，事实上，在市场真正发生转变之前，它已经达到了较高的点位，后来的多头也都是根据事实买进的。交易者对价格走势的认知是，橙汁的价格会涨得更高，他会一直等待，直到心里完全确定。专业交易者遵守规则，业余交易者则只凭消息交易。

值得注意的是，现在的交易者比20年前更聪明，技术分析更复杂，交易知识更丰富。今天，即使是最新的菜鸟交易者也能获得20年前的专业交易者都无法获取的信息源和交易支持。

市场一年比一年聪明。大多数新手交易者都知道或听说过这样的规则："谣言传播时买进，消息成真时卖出。"困难在于区分谣言和事实，要知道市场本周密切关注的市场要素是什么，以及市场对引发恐慌的意外消息的敏感程度如何。

在我看来，上文中叙述的橙汁市场中的那些情况可能已经像恐龙一样灭绝了。大多数市场不会对意料之外的事件做出那样的反应，而这些关键消息可能会推动交易者的行为。关键是，交易员对消息的认知，可以促使一些交易者采取行动。当消息公布时，这些交易者对消息的含义形成了自己的看法。他们认为，对他们个人而言，这些消息无非就是看涨或看跌。于是他们开始操作，而且通常情况下，他们的头寸建立在了净指令流的亏损一方。

"不要只凭消息交易"这句箴言意味着你需要耐心等待，直到知识匮乏、技术生疏的交易者入市，而他们的恐慌或认知已经将自己置于风险之中。技术生疏的交易者之所以做出这样的选择，是因为在他的脑海中，关键消息与价格之间已经形成了一种对等的关系。这个交易者相信价格会因为某些因素而上涨或下跌。当然，这种思维中缺少的主要因素是净指令流和亏损头寸之间的关系。如果交易者将自己置于净指令流的亏损一方，那么，导致错误的原因并不是交易的关键部分。个人交易者入市的理由与市场真正的波动潜力关系不大，甚至完全没有关系。

只凭消息交易的问题在于，当一条关键消息发布时，交易者已经建立了自己的头寸，而盈利的交易者只是根据他们对净指令流的理解而建仓。例如，如果消息是看涨的，盈利的交易者已经做好准备平仓多头头寸，卖给那些只凭消息开始建立多头头寸的新交易者。消息所创造的牛市潜力被那些跟随消息平仓的交易者吸收。这就是为什么关键消息发布之后不久，就会出现一些相反交易的短期压力。在这个例子中，此时此刻，市场在买方的潜力已经耗尽。

随着多头头寸继续平仓，新的空头进入市场，新入市的多头数量越来越少。一旦那些新多头入市，市场就只能走低。市场因为一条看涨的消息而下跌。

如果这条消息是定期报道或每周以某种形式发布，这样的市场反应也会一直存在，而且几乎确定会发生。消息灵通的交易者更有可能在消息发布前建立头寸，而一旦消息正式发布，只凭消息交易的后来者就会成为盈利者平仓盈利交易的利用对象。

显然，交易并不是那么简单。有时候，市场不会因为消息而发生反转；有时候，意想不到的事情会导致恐慌；有时候，消息会让市场发生巨大的变化。我并不是建议你在交易时忽略消息。我的意思是，无论你是否进行了市场预测，在关键消息发布之前和之后的一段时间里，市场的变化都会比平日里更加不确定。你减少风险的最佳做法就是不只凭消息交易。

我发现，当消息对交易者产生很大影响的时候，帮助定义市场价格行为的最佳方式就是记住一些基本的事情。首先，如果你在市场上没有引领市场的优势，在消息发布之前和之后的一个小时内，不要进行交易。等待一段时间，让事情平息下来。在消息发布之前，价格振荡不会很剧烈，而在消息发布之后，最初惊慌失措的交易者们带来的第一波冲击将被化解。在消息发布后的一个小时左右，多空双方的激烈交易通常会发生。如果市场在某一个方向上"狂奔"，而这正是你想要的方向，你只需等待肯定会发生的回调。不要追着市场狂奔。无论如何，你都不可能完美地在任何市场中建立头寸。在行动之前，先让事情平息下来，这样你就不会成为遭受双重损失的倒霉蛋了。

其次，消息总是会渗入市场的。无论发布的报告、消息或经济数据是什么，每个交易者都已经心知肚明：这对他们意味着什么，以及他们将如何表现。每个交易者都要作决定，如果消息是这样的，他们就会做这样做；如果消息是那样的，他们就会那样做。一些交易者已经掌握了先机，如果消息是这样的，他们会平仓；如果消息是那样的，他们会增仓。所有的消息、数字或报告都已经渗入市场。

最后，只能是三种情况之一，消息、报道、数字和预期的一样，比预期的好或者比预期的差。

一旦消息公布，交易者就不会根据消息行事，而是根据他们对消息好于预期、差于预期或跟预期一致的认知行事。一旦他们做到了，市场就有了指令流。市场对指令流的反应是市场真实性质的线索，而不是市场预期的性质。

举个例子，如果周四发布的消息被预测为看涨，而价格自周一以来已经走高，但实际发布的消息比预期的要差（看空），那么，市场接下来的任何动作都将是市场走势的一个良好线索。如果市场继续走高，这说明什么？如果市场岿然不动，这说明什么？如果市场直线上涨，但在20分钟内急速下跌，这说明了什么？

关键在于，在消息发布后观察市场的实际行为，市场可以最清楚地显示交易者当前的头寸建在了哪里，他们可能有多紧张或自信，以及他们操作的意愿有多强烈。唯一不变的是，如果交易者根据消息本身而不是根据净指令流来做出进入或退出市场的选择，那么，他通常处于错误的点位。不要和站错队的交易者一起交易，让他先闪开。

规则21
不要听信"情报"

情报！人们多么需要情报呀！他们不仅渴望获取情报，还渴望提供情报。这是贪婪和虚荣在作祟。有时候，即使非常聪明的人也在四处搜寻"情报"，看着就挺逗。提供情报的人不必为情报质量而犹豫，因为寻求情报的人并不是真的想得到情报，什么档次的情报都是情报。

——埃德温·勒菲弗（Edwin Lefè vre）

《股票作手回忆录》（*Reminiscences of a Stock Operator*）

我最早的交易经验之一就与交易情报有关。那是20世纪80年代早期，"情报"是买入白银。对于白银市场，如果你不知道亨特兄弟创造的"尝试拐角"理论，我建议你有空的时候多花几分钟查查该理论的相关细节。这是一个引人入胜的故事。对我个人来说，这不仅仅是一个迷人的故事，因为在世界的某个地方，有人拿走了我的500美元。

我当时上大学二年级，还存了一些钱。有一次，上课铃还没响，我坐在教室里，我的一个同学正在对白银市场的盈利潜力赞不绝口。事实证明，他来自一个富裕的家庭，显然他的父亲在白银市场上赚了一大笔钱。也许他的学费就是用那些白银付的。我决定到当地的珠宝店去买些银器。一天下午，我把价值500美元的银条带回家。那根银条在一年内贬值了80%。

我不认为这是交易，那时我还不是个交易者。我还不知道投资、交易和市场是如何运作的。我只是听信了一个故事，那个故事告诉我银价会上涨。我从来没有想过是什么创造了价格，谁告诉我的数据，或者它是否是真实的。我只是听信了别人的故事，然后顺其自然就买了银条。

当我学习白银期货时，那一整段经历成了我立志当交易者的催化剂。我发现，在白银期货市场中，有人可以做空。当我的银条贬值时，有人却发财了。

当我们选择听信一个情报贩子的时候，问题就不在于信息本身了。此外，问题也不在于股票或商品市场的质量。问题甚至不在于情报是否错误。问题出在我们这些交易者身上。当我们没有做好自己的功课，让别人的想法误导我们时，我们的交易结果永远不会胜过情报贩子的想法。情报会不会带来盈利，情报贩子的说服力，这些都不重要。当我们让别人替我们思考的时候，我们就陷入了这样的危险：对方的想法根本不符合市场的需求。问题在于我们没有思考，而不是没有情报。

无论你选择如何参与市场，最终你都是自己的主宰。当你最终决定立即开始操作的时候，你的钱就有风险了。无论你赚了还是亏了，收入和支出都会记录在你的账户上，而不是别人的。你为什么要让别人来决定你的交易结果呢?

情报的问题不在于数据,因为任何角度的数据都是一样的。不管你得出什么结论,总会有另一种观点是从完全相同的数据源中得出的。如果你和我一起收集肉类市场的所有数据,并将其与当时价格走势的技术图表进行比较,你可能会得出一个看空的结论,而我得出一个看多的结论。重要的是,这两个结论都不利于盈利。唯一重要的是处于净指令流的正确一边。如果你的分析有助于你得出结论,而这恰好是指令流的正确一方,资金就会流入你的账户。如果你的结论不正确,金钱就会离开你的账户。在任何一种情况下,如果不确定净指令流的潜力,就是将你的资金置于风险之中,都是不计后果的做法。当你听信一份情报时,你是在增加自己的风险,因为你承担了亏损的责任,却不具备市场潜力的相应知识。听信情报,其实就是拿你自己的钱去赌博。

请你仔细想想,你采用的任何分析或市场数据实际上都是一种情报。例如,当你使用像MACD这样的技术指标时,你是在把你的交易资产押给了MACD指标的开发者霍华德·阿贝尔(Howard Abell)的思维过程。

我个人很喜欢霍华德。我参加过他的讲座,读过他的书,我认为他是一个非常聪明的人。但我也知道,MACD指标是霍华德开发的一个数学公式。霍华德最了解这个公式,他很可能会比我更好地使用这个指标,因为我不像他那样理解背后的思维过程。怎样才能用霍华德的智慧来让我自己的钱生钱呢?

如果技术分析是一种情报，在芝加哥期货交易所的男洗手间里听到的窃窃私语是一种情报，政府报告是一种情报，交易杂志上的文章也是一种情报，那么，交易中的真实数据在哪里呢？

就在你的脑子里。不管你读什么、学什么、吸收什么，你个人都必须选择操作的时机。当这样的时刻出现时，你就是在听信这样的情报：你跳出了自己的思绪，转而信任自身之外的某些东西。如果你在市场中依赖技术分析跨越某些点位，那么，价格走势图就变成了你的"情报贩子"。如果你收集了大量的数据和经济信息，并套用某种公式处理这些数据，然后利用这些数据进行交易，那么，政府报告就是你的"情报贩子"。

我认为，作为交易者，我们很容易受到情报的影响，因为我们真的愿意相信，只需要多一份数据就可以揭示盈利交易的藏身点。我们迫切地希望，我们已经了解了所有可能的信息，没有遗漏任何东西。我们确实做了充分的准备工作，不遗余力。诸如此类……

在我看来，这条规则背后的心理因素是双重的。首先，它能防止我们将自己置于不必要的风险之中，或出于自身之外的原因进行交易。我们需要从纪律的角度关注市场结构和交易，而不是像赌博一样把希望寄托在别人身上。其次，我们需要不断地提醒自己，我们的账户余额归根结底是我们的责任，我们在操作时要完全掌控自己。除了我们的行动，没有什么能够决定我们的交易结果，而这些行动需要经过深思熟虑，要有前瞻性，并且与我们的交易市场保持和谐，而不是基于我们在酒吧听到的一些胡言乱语，或者在书中读到的虚幻理论，或者通过电脑模拟分析得出的无稽之谈。成功的交易是多种因素共同发挥作用的结果，而不是观点或猜测的结果。即使这种观点或猜测的来源有着令人印象深刻的凭据。情报只是一个观点。无论对或错，情报的问题不在于数据，而在于我们没有选择承担风险。

还有一件事与情报有关，我们务必牢记在心。当你在交易领域实战一段时间以后，你变得更有经验了，突然有一天，你看到你的电脑屏幕上蹦出来一笔交易。你非常清楚市场的潜力在哪个方向，更幸运的是，你可以早早地判断指令流的位置。你还十分清楚，你会从中赚到很多钱。

然后电话铃响了，是你的一个交易伙伴。你们的谈话开始了，你们谈到各种各样的工作机会，以及你们即将看到的未来。你开始非常兴奋地赞美你刚刚发现的一笔盈利交易。你非常自信地告诉你的朋友你所看到的未来，以及为什么这笔交易将是今年的“本垒打”之一。你说完后，你的朋友沉默了一会儿，然后你听到一个比你自己说话更自信的声音：“你疯了！那个市场已经死掉了。上个月我在CNBC电视台上看到一篇关于整个行业的报道。你还不如拿着一沓100美元的钞票，站在街上撕钞票玩呢，这样你会玩得更开心。”你很震惊，但仍然很自信，你重申了自己的观点。又一轮15分钟的激烈辩论之后，你们都挂断了电话。

现在你有麻烦了，因为20分钟前你还很确定的交易现在成了问题。你的朋友提出了一些好的观点。他不会入手这笔交易，即使他问了你的看法。因为他在问你的时候，你抛给了他一份情报，你会考虑这份情报的质量。你不得不为你的交易结论辩护，并向一个无意客观看待它的人解释。这种情绪上的拉锯战会让你精疲力竭，你会想，从现在开始的六周内，这笔交易是否会像你预期的那样运作。当然，如果你是一个脆弱的交易者，你可能会在听了朋友的建议（其实也是一种情报）后果断决定放弃这笔交易。

"不听信情报"包括"不提供情报"。情报提供者和接受者的心态是共生的，都不利于持久的成功。如果你的目标是做一个赚钱的交易者，你的日常交易策略必须包括一些既不提供也不接受情报的个人纪律。如果你希望你的分析能为你提供合适的交易，你最好重新评估一下你的分析。如果你想从每日新闻中寻找一些东西来给你操作的信心，你最好想清楚你对新闻的期望是什么。如果有人问你现在对某个市场的看法，你可以摇摇头说："我不知道。"不要把希望寄托在情报上，减少和消除对任何情报的依赖倾向，让自己创造最好的日常交易表现。同时也要杜绝提供情报的冲动，如此你也提高了自己的精神韧性。于是，你停止了"观点打架"的恶性循环。"观点打架"带来的不是交易结论。

规则22
定期转移资金

如果给你10枚硬币，你能毫不犹豫地省下1枚，那么黄金很快就会光临你的钱袋。

——"黄金五法则第一条"

《巴比伦首富》（*The Richest Man in Babylon*）

在乔治·S.克拉森（George S. Clason）所著的《巴比伦首富》（纽约：达顿出版社，1989）一书中，讲述了一个想要致富的年轻人如何学习黄金五法则的故事。这五条法则都极其明智和简单；我很惊讶，拥有这种知识的人们为何还这么贫穷。第一法则是积累财富的基石，即使不遵守其他法则，这一条也能让你获得财富。

在这个故事中，富商教育年轻人说，一个人的收入来源和规模对积累财富并不重要；重要的是，应该定期将收入的一部分存起来。我可以从我的个人经验告诉你，当我把这个法则应用到交易中时，我的整个交易状况都变得更好了。遵守财富和金钱的可靠法则会让作为财富来源的交易问题变得不那么重要。

　　你可能会从交易中获利，但没有必要遵循"坚持到底"的原则去争取每一笔交易利润。如果你认为市场有无限的利润潜力，你个人会积累无限的利润，这种想法是错误的。你最好接受这样的可能性：你将获得一笔不错的收入，或者分得一块不错的交易蛋糕；但是你如何处理你所获得的累积利润，对你的整体成功来说意义重大得多。

　　我想，本书要告诉你，与其花大量的时间构建财富积累的基础，不如为你的交易寻求更大的优势。这种优势的一部分就是创造适合你的交易规则。如果你仔细观察盈利交易规则背后的潜在心理因素，你会发现它们似乎都指向一种微妙的、隐含的意识，那就是消除你对交易结果的依附情结。所有盈利的交易者都有一个清醒的认识，这是他们市场表现或日常纪律的一部分，即几乎任何事情都可能在任何时刻发生。如果这导致他们的头寸发生不利变化，他们将毫不犹豫地平仓。如果发生了一些意想不到的事情，进一步推高了交易的利润，他们可能会做出增仓"大动作"。当一笔交易的表现不如预期时，他们就会平仓或减仓。基本上，大多数盈利的交易者不会对任何特定的交易结果、价格区域、盈亏比率甚至任何一个市场怀有依附情结。盈利的交易者知道，任何事情都可能发生，而且确实会发生，如果他们对交易经验中的任何一部分有某种内在的依附情结，他们赔钱的概率就会更高。这种拒绝依附情结的行为延伸到了他们的交易账户，这就是为什么定期从你的账户中提款对你的交易非常有益的原因。

这条规则与保持强劲的市场表现有关。强劲的市场表现应该被视为一个整体。有很多因素会影响交易，而其中许多因素与市场本身并没有直接关系。例如，如果你和你的配偶有冲突，你的情绪处于混乱中，如果你在这个时候建立一个新头寸，那你很可能会遭受亏损。来自外部世界的一些东西正在向你的内心世界施压。停下来，想想那些你认识的人在受到一些事情的困扰时如何做了糟糕的选择。交易也不例外。为了保持强大的市场地位，你必须减少或消除外部压力，因为它们可能会扰乱你的思维或情绪，其中包括如何处理从交易中赚来的钱的问题。

显然，遵守这条规则的前提是，你需要成为一个总体盈利的交易者。如果你不是一个总体盈利的交易者，考虑一下，时不时地从你的交易账户转移资金，也是一个好主意。金钱是我们日常生活中至关重要且必不可少的一部分，因此也会随着世界的变化而时不时地流动。最可靠的破产方式就是把钱放在一个地方，然后让它"长眠于此"。钱要用在有价值的地方。机会在变，人也在变，过去值得投资的东西放在今天可能一文不值；当你为了利用身边的变化而灵活用钱时，金钱会带给你最好的结果。

如果你采取大多数成功交易者的观点，当你的交易计划包括定期转移资金时，你会发现你的交易成绩得到了改善。你真的不需要在你的交易账户中放置大量的资金去寻求市场中的利润缺口。无论如何,我们大多数人在同一时间只能关注这么多的市场,所以,让你交易账户中的海量资金享受无尽的"冬眠",是毫无意义的事。我知道,很多交易者都认为,他们账户里的资金越多,他们的交易规模就越大。你可能会惊讶地发现,大多数擅长长线操作的交易者都不"囤货"。大多数盈利的交易者在增加交易规模时都非常谨慎。相反,当他们的账户余额达到一定数量时,他们就会转移部分资金。大多数人这样做是为了自我保护,他们非常努力地工作,不想把辛苦挣来的钱再赔进去。

这些交易者也从过去的经验中得知,增加的交易规模会导致交易结果的较大波动。许多人只是在情感上无法接受交易账户每天发生较大的起伏。这些交易者满足于一定规模的交易,并且运作得很好。定期转移资金可以防止交易者心生贪念,改变那些对他们有用的东西。

另外,我们这么做到底是为了什么?交易不就是为了致富吗?我知道对我来说是的。我认为,无论交易对你个人来说意味着什么,从某种角度来说,都是如何处理这笔钱的问题。许多交易者犯了缺少财务目标的错误。目标设定是监测自己财富状况改善过程的一个重要方法。假设你有一些正在努力实现的财务目标,不要错误地认为,当你的交易余额达到一定程度时,你会一次性实现所有目标。更明智的做法是把这些目标分解成几个"小目标",随着你的交易账户余额的增长,定期为这些"小目标"投入一些资金。

例如，我有一个朋友，他每个季度都会提取一定数量的收益，存入银行定期存单。他不在乎银行的利率。他这样做是为了不轻易动用这笔钱，也不会因为过度交易而迅速亏损（他有过度交易的倾向）。他住在一间不大的公寓里，他打算积攒50%的定金，再买一套公寓。

这名交易者经历的亏本交易不止一次，他现在的交易规则包括："一旦我有了一定的收益，就把它存入银行，用于买房。"当他取钱时，他是在确认自己的财务目标和奋斗历程。他认为，朝着经济独立和财务安全的方向努力，这样的感觉很好。他更快乐、更专注，以至于他的市场表现更好。更好的市场表现和更好的交易结果，两者相辅相成。

提取现金，存放到别的地方，这只是《巴比伦首富》里讲的故事的一部分。我认为，如果你也拿出一部分收益，做一些对你个人非常有益的事情，有助于你保持一个更好的市场表现。当我们作为交易者投入了一年的时间，并且在那段时间里保持了可观的优势，为获取不错的利润而牺牲了一些东西，那么，我们就欠自己一个奖励，应该以某种方式犒劳一下自己。当我们停下来享受我们的劳动成果，投资于我们的个人幸福时，会有一种非常强大的满足感。我认为什么形式并不重要，只要我们为自己经常做就好。

我认为，无论你处于交易历程的哪个阶段，犒劳自己都是必需的。如果你在某个季节投入2000美元，然后获得了500美元的收益，我认为你应该拿100美元奖励自己一顿丰盛的晚餐或其他东西。我认为，作为交易者，当我们取得成功时，对我们自己进行投资是至关重要的，显然这是我们应得的。交易可能是一种残酷的经历，当我们处于盈利一方时，我们应该享受一点成功的果实。当然，毫无疑问，把从市场赚来的每一美元都花掉，并不是一个好主意。你需要在享受成功和存钱之间找到一个平衡点。

归根结底，"定期转移资金"规则是关于拒绝交易依附情结的过程。对于我们中的许多人来说，每天都有一场战斗，那就是能够自如地掌控我们的交易及其结果。当你对自己的交易账户余额处理得游刃有余时，我认为你已经领悟了市场对你个人的真正含义。如何定义财务自由取决于你自己。对我来说，知道自己能完全控制自己的财务状况，而且不用向任何人汇报，这就是财务自由。我真的不再像以前那样在乎物质上的东西了。我定期从我的账户中取钱，做安全的投资，我支持一些慈善机构，我喜欢很多有趣的东西。对我来说，那就是财务自由。如果我刚开始交易时账户里有一笔巨款，我认为我不可能保持那种自由感或日常的平衡感。即使有巨款又有何用呢？

当你的交易结果是现金收入时，对你来说，它必须意味着什么。比如，提取现金，使用现金，转移现金，增加你的机会来源。又如，做一些长期的安全型投资，买一栋度假屋，带你的配偶去欧洲旅行一个月。总之，用这些收益做一些积极的事情，会让你成为一个更敏锐的交易者。

▼ 规则23
做一个逆向思维者

大街上血流成河之时便是买入之际……

——J.P. 摩根（J.P.Morgan）

　　每个交易者都有过这样的经历：计划一笔交易，等到自己认为是正确的价格/时间关系的时刻，操作入市，然后几乎立刻看到市场走向另一个方向。也许仅仅几秒钟，市场就带走了大量资金。如果这种事情发生在你身上，你就会感到困惑，有时候还会感到愤怒，因为所有的准备和工作都化为乌有。

　　许多交易者试图分析结果，并寻找一种方法去预见这种情况。还有些交易者试图搞清楚，当初他们如何才能看到另一个方向上的潜力，并建立头寸。在我看来，所有这些反应都会导致更糟糕的市场表现。对市场的分析只能到此为止，事实上，推荐阅读交易亏损最有可能的原因是你"跟风"。的确，你当时可能不知道自己"跟风"，但这就是逆向思维的意义。

　　许多关于群体行为的好书已经问世。我认为不需要在这条简短的规则里深入剖析群体心理学，但我认为，值得注意的是，所有的市场都是群体性的。作为一个想要建立强大市场地位的交易者，你真的不需要成为群体行为的专家。你只需要知道群体行为在某些时候最有可能是什么样子。

群体的动机是什么？我花了很多时间来思考群体市场的概念，我想我可以肯定地说，市场实际上不过是三种基本情绪的表达：恐惧、贪婪和期望。交易者感到被迫关注的其他事情，也是出于期望，他们希望得到回报，追求利润的时候不那么恐惧。但市场潜在的情感结构建立在人们避免痛苦的需要和赚钱的欲望的基础上。这就是交易者在持有亏损头寸的时候总是希望市场反转的原因，为什么他们希望市场继续在他们预期的方向上前行，为什么他们在建仓利润开始流失时退出市场，为什么他们在正确的时间却迟迟不采取相应措施，以及为什么他们要做出增加损失风险的行为。所有这一切都是交易者的行为，而这种行为是由以上三种情绪驱动的。

总体盈利的交易者也同样有这些情绪，但他们具备了一种亏损交易者没有的东西：他们更深刻地理解自己所处的群体。总体盈利的交易者也知道他们的行为必须不同于群体行为。这种行为上的差异是逆向思维的本质部分。

几乎所有盈利的交易者都能控制自己的行为。这就是这本书的真正意义：让交易者更清楚地了解他们需要把思维和行为的重点放在哪里。创建你的个人日常交易规则，前提是充分理解自己争取盈利背后的心理因素。净盈利交易者和净亏损交易者会产生同样的情绪，但前者可以控制这些情绪，阻止其变成引发亏损的行为。有一种绝好的控制方法值得你学习，那就是，交易开始时，不要跟随市场群体的思维。

大多数关于逆向思维的讨论似乎更侧重于：当市场是熊市时，要站到牛市一方，反之亦然。实际上，这是个很有用的工具，但我不想这么讨论。我的意思是，逆向思维模式不仅仅是群体想法的一个对立面。有时它意味着当市场下跌时你需要看到牛市景象，有时它意味着你需要"鄙视"新闻，有时它意味着你需要离开市场一段时间。

群体行为几乎总是被恐惧、贪婪和期望这三种情绪所驱动，而这些情绪在群体中又会被价格变动等因素所激发。记住，价格对每个参与者都有一定的意义。当这种意义变成一种行为的冲动时，交易就产生了。例如，如果市场下跌，而有人做多，那就意味着交易者在亏钱。他希望避免这种痛苦，因此他要么希望市场反转，要么在担心价格进一步下跌时退出市场。一旦这种冲动足够强烈，交易者就会进行平仓。这种行为在实际的市场价格变动中是什么样子的呢？

在你的日常市场分析中，如果你仔细研究自己为价格行为贴上的标签，你会做得更好。例如，大多数交易者倾向于使用"强劲"这个词来表示市场价格上涨，用"疲软"这个词表示市场下滑。现在，如果你仔细观察你在做什么，当你把意思附加到价格方向上时，你就会有更多的线索来了解其他交易者是如何观察价格走势的。换句话说，当价格上涨时，人们相信市场是强劲的。面对一个强劲的市场，你会怎么做？你当然会买入，因为强劲是好事情。

在这个强劲市场的某个时刻，一些潜在的多头交易者也会得出同样的结论，并将自己置于风险之中。他们会建立多头头寸，对吗？现在市场不涨了。多头交易者担心市场走低，可能会出现亏损。这种恐惧现在驱使多头交易者卖出，创造了一个自我实现的预言。如果这整个过程吸引了足够多的参与者，那么，之前强劲的市场现在会变得疲软，价格会下降。多头交易者亏损了，而做空入市的交易者盈利了。

要成为盈利的空头，并不像在别人都看多而你看空的时候那么简单，它更多的是要充分了解交易者的普通情感思维以及如何刺激交易者采取行动。在市场上，你正在寻找这种情况已经发生的时间点。当市场上没有多头交易者时，它就不可能在这个方向上继续前行，因为市场在多头一方的力量已经耗尽。只要有一个空头，就能推动市场朝另一个方向发展。

但有时候，市场既不强劲也不疲软，它只是一台机器，在两个方向上处理指令。你要做的是利用净指令流变化的机会。净指令流是由交易者群体的行为创造的。随着每个交易者群体得出结论并操作，市场早晚会在某个时间框架内走向相反的方向，那些入市指令最终将和另一方的平仓指令实现对冲。逆向思维就是理解人们的两种行为，即每天从普通预测的角度做一件事，最终却不得不做另一件事，也许你会立马看到这两种行为。换句话说，一旦所有人都进入了市场，他们迟早要离开市场。作为一名盈利的交易者，你正试图赶在净指令流变化之前完成交易。最有可能的情况是，当其他人都卖出的时候，你会买进，反之亦然。逆向思维是指在正确的时间出现在正确的地点，以便利用群体思维。

重要的是要记住，大多数人都能得出相当准确的结论。准确的思考和准确的行为是两码事。许多交易者只要对市场要素和技术因素有一般的了解就可以掌控市场。我相信你个人已经得出了牛市或熊市的结论，而且随着时间的推移，事实可以证明你的结论是正确的。

在我看来，掌控一个市场并不是最难的部分，最困难的部分是抓住市场走势，在最佳时机进行买卖。我确信，有些读者在市场上的预测是100%正确的，但他们没有获得潜在的收益，甚至遭受亏损。问题不在于他们对市场潜力的认识不够，而是缺乏对群体行为的理解。

大多数交易者都不太善于解读群体思维，因此无法预见市场何时会逆向而行。换句话说，在建立头寸之前，要等待市场调整或确认，这通常发生在早期交易者亏损平仓的点位上。仅仅知道市场潜力并不足以获得利润。对于大多数交易者普遍得出的结论，你也必须有不同的看法。如果每个人都看多，而市场也确实在走高，那么，每个人的想法都是一样的：做多，回调时买进入市。但在实际的回调中，总是有一定比例的多头因为各种各样的原因而退市并蒙受亏损，即使他们对市场的预测是正确的也没用。当那些交易者平仓多头头寸时，你希望自己可以接手。

对上述情形的日常了解，取决于你利用群体行为的方法，这就是逆向思维。逆向思维不是要得出与其他交易者不同的结论。它不是当所有人都看空的时候你就看多。逆向思维是指对交易游戏的充分理解，从而知道什么时候该与群体行为"背道而驰"。你的思维过程从一个不同的地方开始，你并不是要在任何市场中寻找牛市或熊市。你试图在思维方面超越一群不善思维的人。有时这意味着你要在向上突破点买进，因为你知道空头的止损指令就在那里。有时你做空，因为你知道别人只凭消息交易。有时你退市观望，因为你知道牛市和熊市在激烈角逐，你需要看到尘埃落定的结局。逆向思维更多的是超越情绪行为的思考，然后鼓起勇气去利用这些情绪行为，而不会犯群体所犯的错误。换句话说，你在适当的时候对抗群体，你不会恐慌、被吓得退市，以至于缩减利润，也不会在亏损的时候希望市场反转。你完全通过个人纪律来控制自己的行为，而这些行为完全来自另一种自信。

所有的市场都是熊市

嘘……想知道一个秘密吗？根本就没有牛市这回事！

——杰西·利弗莫尔（Jesse Livermore）

知识就是力量。在交易环境中，有不同种类的知识，有些知识比其他知识更有力量。最强大的知识就是熟知净指令流，其他的知识都是辅助信息。

在获得知识的过程中，我需要知道哪些知识是真正有用的，我做了大量的观察。观察对象包括人、人们的行为、交易要素、技术研究和市场总体状况。这些年来，作为一名全职交易者，我见过很多奇怪的事情。我想我可以给你讲成百上千个故事，关于破产、失误、暴富或大亏、惊天冒险或无视风险等各种各样的事情。我有过一些疯狂的经历，任何经验丰富的交易者都会告诉你，任何交易者的交易结果都是100%的私事。我们自己创造结果，其他人都不必为你的损失买单。我们希望得到持续的好结果，但在我们发现自己的盈利方法之前，我们就得接受亏损的事实。

随着受教育程度的提高和获得所需知识的丰富,我们会发现,有很多亏损是可以避免的。随着我们个人交易结果的故事问世以及交易技术的提升,我们意识到,有很多亏损是我们自己造成的。赔钱的方式有无数种。当然,最糟糕的亏损是我们没有做足功课。不管出于什么原因,我们选择了一笔交易,入手操作,结果亏损了,但这笔亏损是完全可以避免的。如果我们知道了我们需要知道的事情,我们就可以避免那笔亏损。

获得实用知识的一部分是对市场基本结构的坚定理解。市场基本结构就像一个游戏场,球类竞技项目展开的地方。交易游戏是动态的,游戏双方都必须遵守规则,但游戏场提供了自身的基本结构。

作为交易知识的一部分,你可以掌握的最重要的信息之一是,牛市是反常现象。所有市场本质上都是熊市。如果你想减少亏损,你需要明白,得出牛市的结论需要大量数据支持。牛市结论有一定程度的额外风险。如果你从有关市场在大多数情况下都会承受空方压力的观点出发,开始每一个假设,那么,你在整个交易生涯中的表现都会更好。牛市的市场结论或交易假说需要大量的验证和支持,因为在大多数情况下,牛市潜力无法在足够长的时间内克服空方压力,从而形成一个持续的牛市。只要知道所有的市场都是熊市,就可以为你节省大量的时间和金钱,因为优质的多头交易永远不会像空头交易那样多。

如果你一开始就对牛市结论持怀疑态度，那么，你的账户就不会出现大量不必要的亏损。

我需要确认一下，当我们理解"所有的市场都是熊市"时，我们讨论的是同一个市场领域。证券可以被排除在我们的讨论之外，因为证券交易在大多数情况下都不是零和交易。我感觉证券就像是抢凳子游戏，而期货、期权和外汇交易就像拔河比赛。证券可以从一个所有者转移到另一个所有者，而不管证券是否贬值、是否派发红利、是否被发行公司回购、是否被另一家公司吸纳，等等。证券通常会被买入并持有数十年。除了证券价格的净变化之外，还有很多持有证券的理由。当更多的资金注入证券市场，而不是空头对冲时，牛市就会出现。

零和交易市场是一个完全不同的市场。在所有对冲的交易合约中，50%将遭遇亏损，市场没有其他的运作方式。无论谁持有亏损合约，都会蒙受亏损。即使在牛市中，也会出现平仓亏损的空头和多头。但零和市场有一个其他市场不具备的重要特点：一部分已操作的交易永远不会对冲。

在大多数情况下，零和市场都是由两方的独立交易者组成的，他们的愿望截然不同且相互竞争。他们利用市场的原因非常不同。这两方的交易者分别是投机者和套期保值者。为了便于说明，让我们用一种简单的消费品来证明零和市场的"熊市"性质。我们每年都种植和收获一批新的玉米，同时，我们每天都在消耗玉米，最终，如果没有种植和收获新的玉米，我们就没有玉米可吃了。在这个例子中，我希望你把你所知道的一切关于玉米市场的独特细节都放在一边。忘掉所有的关键信息、技术因素、振荡因素或指标、玉米期货的历史价格等一切因素。我想让你关注的是已操作交易被平仓的事实，以及其意味着什么。

套期保值者是种植并出售玉米的个人，可能是农场主。玉米期货市场的目的及其存在的唯一理由，通常是农场主种植玉米之前为其提供机会，高价出售玉米。作为农场主，如果我不确定我在收获和出售玉米时的高价持续存在，我会以目前的价格把我的整个种植项目推入玉米期货市场。如果玉米价格上涨，我不能获得那部分额外利润，因为我在之前已经锁定了价格，但我的收益是确定的：我今年将获得一笔利润。如果出现相反的情况，比如玉米价格大幅下跌，我今年仍将获得丰厚的利润，因为我有权以更高的价格出售玉米给其他人，而且该合约得到了交易所的担保。购买玉米的人有义务以这个价格支付。

另外，由于玉米价格的变化，投机者希望利用价格行为获取个人利润。他可能从来没有见过玉米穗，也许只在野外烧烤时见过。他不知道玉米是如何种植的，也不知道玉米除了可以烤着吃，还有什么用途。他很少花时间与种植玉米的农民交谈。他只是汇编了自己认为有价值的数据，然后判断玉米价格什么时候上涨、什么时候下跌。他把自己置于风险之中，一旦这种情况发生，他要么获得利润，要么遭遇亏损；这就是投机者所关心的全部。就投机者而言，玉米市场就像是躺在邮箱里的一张支票。

你可能会说，"是呀，我知道这些事实，我已经做了很多年的交易了。但这与熊市有什么关系呢？"

关键在于（在这个例子中）套期保值者的卖出压力从来没有得到相应的买入指令的回应。只要套期保值者进入市场，就会出现卖方指令过剩现象。套期保值者做空市场。他不需要做多市场。他可能会在自己头寸的相反方向上进行交割。

因此，做多和做空的投机者是市场上的"净力量"。这迟早会创造一个永久的纯卖方市场。要了解如何操作，请看图24.1。

类型	建仓	平仓
做空的套期保值者	×	
做空的投机者	×	×
做多的投机者	×	×
力量总和	3	2
净力量	空方+1	

图24.1 被迫平仓矩阵

现在，假设市场已经呈现牛市迹象。投机者做多市场，同时，做空的交易者也作为另一波投机者入市。空头一方的投机者继续买回亏损的空头头寸，由于买方的净指令流带来了市场失衡现象，造成价格上涨。价格上涨到了所有交易者都认为过高的点位。

此时的套期保值者开始入市，他会做空，而投机的空头也建立新的空头头寸，之前建仓的多头决定平仓，也会卖出。此时，该市场承受的卖出压力是之前的3倍。这就是为什么市场下跌的速度总是快于上涨的速度。一旦建仓价格高于市场现价、获得利润的空头决定平仓，那就是唯一存在的买方压力。当那些获利空头平仓时，交易游戏就结束了。亏损的多头必须亏损平仓，而套期保值者不必退出市场。入市价格高于市场现价的套期保值者不需要做任何事情。事实上，诚信的套期保值者没有补足交易保证金或强制平仓以重新开始的压力。一旦他们做空入市，就真的无须再像投机者那样承担进一步的义务。牛市是一种被套期保值者或专业的短期空头利用的暂时的繁华。即使多头一方的价格上涨可能已持续数月之久，许多精明的交易者可能已赚了钱，多头也完全没有机会在市场上占据最终的力量优势地位。

显然，套期保值者和投机者之间的关系更为复杂。套期保值者会在价格上涨时扩大头寸规模，在价格下跌时回购，以迷惑参与者，同时吸引更多的多头入市。投机者会在一个区间做多，然后在另一个区间做空；市场要素的发展会改变参与者对新的价格走向的看法。在短暂的牛市期间，各种各样的事情都会发生。需要记住的重要一点是，套期保值者迟早会利用市场，只是等待投机者耗尽自己的潜力。一旦这种情况发生，剩余的空方力量将挤压剩余的多头，直到价格回到较低的平衡点。

如果你想了解牛市被专业空头利用的历史，可以试着查一下1988年农产品牛市的数据。你会发现，当交易者的"群战"即将散场时，市场价格达到了高点。如果将其与商品期货交易委员会（CFTC）的"交易者持仓报告"进行比较，你会注意到，套期保值者持有空头头寸两三周之后，农作物期货交易价格达到了高点。在此期间，投机者也制造了"创纪录的多头入市价格"。那些亏损的多头开始平仓，加大了卖方力量，致使市场价格无处可去，只能走低。1988年9月，市场价格已经回落到与春季交易价格相仿。在大多数情况下，当价格触及高点后下跌时，套期保值者只能袖手旁观。1988年底，建仓盈利或亏损的头寸全部平仓完毕，交割通知的数量并不比平常多。大多数套期保值者也已经平仓了空头头寸，可能是因为获利太过丰厚，没有必要等到实际交割的时候用农产品对冲空头合约。自2006年我撰写本书以来，农作物期货交易价格再也没有达到过这样的高点。事实上，鉴于当时的粮食储存和进出口情况，根本没有出现真正的粮食短缺，尽管那年遭遇了干旱，亏损了一些粮食。1988年，根本就没有牛市这回事，那只是一个做空的机会。

我并不是想把问题简单化。我意识到市场的边边角角都在发生根本性的变化。我知道价格走势不像这里描述的那么简单，但重要的是要理解这一点：期货市场的存在是为了套期保值者的利益。在大多数情况下，任何市场上的价格越高，套期保值者从空方的获利就越多。套期保值者很少在多方利用市场，即便利用了，也不期待多高的价格。在这两种情况下，套期保值者都希望多头们回到桌前玩交易游戏，承担他们不想承担的风险。做空的套期保值者需要一个牛市，以便做空入市，他只需每隔几年抓住一个牛市，就可以套期保值好几年。做多的套期保值者会随时平仓多头头寸，因为价格下跌对他最有利。

可以这样想：不管市场的基本环节出了什么问题，一旦牛市形成，做空的套期保值者迟早会从市场的高点入市，而做多的套期保值者将在牛市结束后卖出多头头寸。这两种套期保值者都需要投机性的多头，以便在保护自己之后，让市场价格回到平衡点。在几乎所有情况下，当尘埃落定时，已操作的卖出指令数量都大于买入指令的数量，剩余的空头头寸将进行反方向交割对冲。这无须大量的建仓合约，只需足够多的合约来打破平衡，为投机性的多头创造一个必输的局面，他们必须为卖方增加力量才能抽离亏损交易。这三种卖出的交易者都进行操作，一旦价格下降，选择从买方操作补仓的空头数量将少于建仓空头的数量，而这些空头一直持仓到交割日。

如果你打算趁着牛市交易，学会对套期保值者和专业空头的活动保持高度警惕。他们会利用牛市来做空入市，而这一幕上演时，市场就会急转下跌。永远记住，牛市只是临时的繁华景象。

规则25
市场回调50%时买卖

只遵循这一条规则，你就能赚大钱。

——江恩（W.D. Gann）
摘自《时光隧道》（*The Tunnel Through the Air*）

大多数盈利的交易者都会告诉你，他们执行交易的系统化方法对他们来说非常简单。他们分析市场的方式可能看起来与亏损的交易者不同，但实际上他们并没有做任何不同的事情，他们只是简化了识别净指令流的基本问题。他们从经验中学到的是，某些类型的市场行为在他们看来都是一样的。从他们的个人交易结果来看，他们知道，貌似相同的事情发生后，通常会在某个方向上出现较大的价格波动。换句话说，一旦发生了某些事情，貌似是时候买入了，他们就会买入。他们的历史结果显示，他们捕捉时机的正确率约为67%。显然，关键在于他们如何定义市场在他们看来的"貌似"问题。大多数盈利的交易者都有一个系统化方法，包括一定数量的基本分析和个人纪律，但这个"貌似"其实就是直觉。

　　开发一种盈利方法需要时间和个人纪律。只要有可能，你就需要尽量保持简单的交易方法，当你总结出你所学的任何东西，归结为核心理论后，你的交易表现会一直很好。这就是这条规则的内容：创建一个非常简单的工具并成功地加以利用。最好的盈利方法就是把"貌似"的东西融入你的个人交易结果，方法之一就是在市场回调50%时建立头寸。

　　我想在此郑重申明一件事：50%回调不是斐波那契研究、斐波那契投影、斐波那契回调。斐波那契是文艺复兴时期的一位数学家。他对揭示宇宙的宏大和和谐很感兴趣。他想要找到物理现实（你我所称的物质世界）本质的、无处不在的基本组成部分。在他生活的时代，金钱还是一个简单质朴的概念。在他之前的年代，很多人处于无知状态。斐波那契的发现被视为一种飞跃。

　　尽管如此，斐波那契相信的关于现实本质的东西，在今天看来，都是完全错误的。例如，斐波那契是一位炼金术士。他全心全意地相信，他通过数学设计和祈祷会发现现实的本质。如果他做到了，他会利用这些知识把铅变成黄金，从而解决他的金钱问题。如果我告诉你，作为一个训练有素的交易者，我将替你交易，我将通过研究蜜蜂的飞行来操作你的账户，那么，你的情况不会比这更糟：跟踪斐波那契一天，看他如何把铅变成黄金。

　　斐波那契从未将黄金分割率或斐波那契数列应用于市场或

交易。当时这些都还不存在。斐波那契发现的一部分"本质"还挺准确，仅此而已。他当时并不知道。他自己生活在文化错觉中，在追求不可能完成的事情上浪费了知识。

我为什么要告诉你这些？因为斐波那契回调研究是一种公认的简单技术分析方法。所有盈利的交易者都在其简单的方法体系中使用某种形式的回调分析。但斐波那契从未打算将他的发现用于开发或交易当中。这是江恩的想法，所以，了解回调理论的最佳办法就是研究江恩，而不是斐波那契。

江恩发现了时间和价格之间有一种独特的关系，这种关系在今天仍然被认为是准确的。这种关系贯穿了所有市场的任何时间框架，任何盈利的交易者都不应忽视它。这种关系非常简单，实际上最初是由斐波那契发现的，只不过斐波那契无心利用自己的知识，他当时正忙于把铅变成黄金的破产事业。

时间/价格关系遵循"七二法则"[⊖]和50%比率。艾略特波浪（Elliot Wave）理论分析法中也包含了其中的一些内容，但我想简单地说一下。每当艾略特、江恩或斐波那契之类的专家们开始"说话"时，他们就会把整个回调问题复杂化。人们需要放松，并关注主要问题。

50%的回调是重要的，因为它衡量着互相竞争的净指令流之间的净差额。就是这样。回调并不预示价格走势，不预示新

⊖ 七二法则是指一笔投资不拿回利息，利滚利，本金增值一倍所需的时间为 72 除以该投资年均回报率的商。

的高点或低点。它不具备前瞻性，而是具备历史性。江恩、艾略特和斐波那契都被包括在该讨论之内，是因为他们碰巧注意到了这些关系，尽管他们不一定理解这些关系意味着什么。斐波那契注意到自然界中存在一个数学比率。他假设铅和黄金也会服从这个比率，但我们现在知道，这不是真的。这个比率在自然界和事物的发展方式中很明显，但在群体行为中并不明显，而市场是关于群体行为的东西。

江恩提出了一个问题："如果市场本身有一个比率和节奏，会怎样？"江恩认为他已经找到了这个问题的答案，当时他和艾略特注意到市场似乎有固定的频率和重复的波动。将这两个假设结合成一个更大的假设，我们现在便有了追求成功交易时适用的数学模型，这是久经考验的靠谱模型。

但表面上的时间与价格关系和真实的关系不是一回事。真实的关系才是我们想要讨论的话题。

50%的回调发生，是因为一旦有足够多的多头"对战"足够多的空头，只有一半的合约是能够盈利的。而50%这个数字是指，正好有一半的多头有利润和一半的空头有利润。当我说这些的时候，重要的是要注意，这是一个纯理论画面。任何一个交易账户的实际结果都不是我们需要讨论的问题。如果你能找到一种方法来研究建仓交易的总数，你会知道建仓多头的总数占建仓交易总数的比例，大约有一半的合约将获得建仓利润，其余的则遭遇亏损。换句话说，如果有1万个建仓多头，其中大约5000个多头将获得建仓利润，而余下的5000个将遭遇亏损。对于空头来说，情形完全一样。从理论角度来看，市场处于临时平衡状态。

这种情形不会持续太久，新的买方或卖方压力只需要很短的时间就会出现。谁在这个点位上拥有优势，谁就会打破市场平衡。大多数时候，市场会沿着原来的方向撤回到之前的高点或低点，因为从纯理论的角度来看，后来入市的亏损者是跟随短期趋势入市的，也就是说，就在达到50%水平线的前几天。

这是七二法则的一个因素。大多数市场参与者在72小时或更短的时间框架内进行操作。这意味着，制造市场时机的各种模式都会发出信号："现在是建立头寸的时候了。"大多数交易者在72小时内至少获得了一个信号，然后进行操作，产生了净指令流。一旦他们建立了头寸，就得平仓，接受建仓利润或亏损。大多数方法也会在这个时间框架内给出退市信号，最终结果是几乎每个人都在72小时内至少进出市场一次。如果这个过程发生在50%的平衡点上，市场最终的结果通常是恢复以前的趋势。见图25.1。

如何使用这条规则

首先，你必须在目前市场的回调点之前选择一个显著的价格高点或低点。当我说"显著的价格"时，我的意思是价格走势图中72根价格条范围内的价格高点或低点，而且通常是周线图、月线图或日线图的价格高点或低点。如果我们使用牛市的情景，你正在寻找先前的、重要的价格低点，而市场正在从最近的价格高点回调。如果你使用日线图，如图25.1所示，你之前的价格低点应该是72天或者以前，我发现，在更长的时间框架内，出现频率低的情形被认为是不准确的，而出现频率高的情形通常被交易者视为"老数据"而被忽略。

图25.1 市场回调50%时买卖，欧元兑美元，2005年4月至2006年4月

在价格老低点和新高点之间进行50%回调的研究，回调点将是你最好的买入点。这个点将在未来的某一时刻现身，它将大致反映72根价格条的比率。这就是价格可以在交易中冲到高点的原因，江恩会说："到下周的这个时候，市场将以_____（价格）交易。"他只是将他的比率和计算结果以价格/时间关系的形式向前推进一段时间。当然，如果你在熊市跟踪交易者"群战"，上述情形的对立点就是很棒的卖出

点。但50%回调背后的潜在心理因素，并不是关于先前趋势恢复或失败交易反转的，而是关于在过去72小时内入市的交易者的。

建立头寸的人几乎占据了坐在交易屏幕前人数的80%，他们在市场到达50%价格区间之前，至少完成了一次完整的交易过程。这些交易者中的绝大多数都在寻找赚钱的机会。如果他们遵循标准的技术分析或使用任何最常见的方法体系，他们就会从自己的判断出发，做空入市，进入目前似乎下降的趋势，因为市场在50%价格区间的高点一直下滑，已经超过了30根价格条。他们的重点是在空方建立头寸，因为"趋势就是你的朋友"。

但市场只是暂时平衡了。那只意味着一件事。入市价格高于目前市场价格的空头将要平仓，他们拥有最近72小时之内的大部分建仓利润。后来入市的空头也跟着承担亏损并平仓，加剧了买方指令的失衡。最后，采用72小时时间框架的多头（20%的长期交易者，他们知道如何遵守这一规则——了解你的专业人士需要超过72小时才能击败亏损者）也加入盈利头寸的行列，他们在之前低于市场现价的反转中已经获得了大部分利润。他们知道回调就要来临，之后的交易大战会"血流漂杵"。因此，他们很乐意在等待50%回调的时光里，持有至少一部分最初的头寸。当然，当走低的市场呈现50%回调时，情况恰恰相反。

现在很明显，一旦市场下跌50%，并不总是在小范围之内徘徊。有时市场需要更多的时间来实现临时平衡；有时市场需要的价格条多于72根或少于72根；有时市场在50%的点位上停留一会儿，然后接着下调，之后回到最初的方向继续前行。这些都不是重点。关键是，如果你想进行很多的盈利交易，并力求简单，那么，你需要在50%的回调点建立头寸，然后等待。通常你会如愿以偿，至少会得到一些你期望的结果。

当你把这条规则和规则11、14、16和17结合起来看，你就有了巨大的赢得金钱潜力，当市场还有很多发展潜力，而你也愿意等待的时候。事实上，如果你愿意在出现72根价格条之前进行交易分析，那么，你一年只需要进行少量的交易。那些击中"本垒打"的交易者，那些在真正的短缺正在形成时做多牛市的交易者，或者当套期保值者入市最终控制住涨势时短期处于"歇斯底里"的牛市的交易者，他们会告诉你，当50%的回调发生时，这真是一件美妙的事情——资金滚滚而来。

在结束这条规则的讨论之前，我还得说一件事：为了公平起见，我想对所有精通江恩、艾略特和斐波那契理论的专家说，我真的不打算质疑这些大师及他们的理论。我只是觉得这些人教给我们的最重要的东西就是我们要运用一些简单的常识。没有人拥有秘密的方法，也没有完美的技术。这些历史和市场中的伟人们发现了更深层的真相，并尽其所能地表达出来。只有他们知道如何在今天的市场中运用自己的全部知识，其余的都是那些与他们素不相识者的猜测和意见。

　　我认为，重要的是要记住，市场知识的基本部分是简单的。记住，利弗莫尔与江恩和艾略特是同时代的人，他做了很多成功的交易，然后才有了他们的理论结合。利弗莫尔从未使用过这种分析方法。他了解交易群体及其行为方式，所以他对市场的解读比其他人更好。我认为，最好的交易者是那些先解读市场的人。我认为，解读和分析不是同一种思维模式。通过阅读江恩、艾略特或斐波那契的著作来研究他们，就相当于你说你很了解贝多芬，因为你能读懂他的乐谱。

▼ 规则26
你需要的唯一指标

你应该试着"买弱卖强"。这是一种交易者群体恐慌现象。问题是，你怎么知道他们是买进还是卖出呢？

——马克·吐温（Mark Twain）

摘自《与尼古拉·特斯拉的讨论》（*Discussions with Nikola Tesla*）

许多人不知道塞缪尔·克莱门斯（作家马克·吐温的原名）是一个商人。在他生活的时代，交易者被称为投机者，他们有一些不好的名声。投机者被认为是利用别人的痛苦来赚钱的剥削者。最糟糕的投机者是那些在美国内战后利用南方混乱局势而谋私利的人。据一些传记记载，克莱门斯本人从事棉花和谷物交易，但收获不佳。

当时，期货合约的发展还处于初级阶段。芝加哥期货交易所成立于1848年，如果不是期货合约吸引了空想实业家和大农场主的目光，它可能不会存在。投机者大部分的注意力集中在工业革命带来的市场机会上。他们通常会购买土地，希望出售给铁路公司，或者租赁通行权；购买钢铁，卖给造船商，等等。投机者只是偶尔进行消费品期货交易。这在当时还是一个新事物。但即便如此，在19世纪后期，人们还是预见到了金融市场的爆炸性潜力，新的金融体系应运而生。在电子交易可以绕过传统经纪人的今天，金融经纪人仍然是连接市场机会和资金的纽带。

在金融发展的过程中，有一点是不变的，那就是"内部信息"的概念。时至今日，仍被人们视为交易优势的一件事，就是提前知道一些潜在的市场波动。这和内部情报不是一回事。得到情报意味着被一个自称知道内情的人牵着鼻子走。市场信息或交易优势更多的是关于找到一个更好的方法来做一些必定奏效的工作。在这条规则的引言中，很明显，克莱门斯了解市场的基本属性，知道市场可以被利用。他的问题是获得所需的信息，以确定自己是否在正确的时间出现在正确的地点。这就是整个分析行业和各项指标业务的发源地，试图对市场信息进行量化，以利用已经奏效的东西。交易的基本属性从来没有真正改变过。

请记住，一些巨额财富来自交易的时候，交易者可用的工具只有他们的勇气、直觉和有关交易者群体的知识。我这么说是因为，正如你现在已经猜到的，我只把我的交易研究的一小部分用于技术分析。我知道很多人会就此打住，并形成某种价值判断。他们可能会认为，因为我不使用他们使用过的东西，而他们用那些东西来赚钱，所以我一定不知道他们知道什么。也许我不认识他们认识的专家，也许我是别有用心。他们可能会说我没有资格讨论技术分析，因为我不像他们那样使用技术分析。他们会争辩说，空谈不如实践。

我之所以这样评价挣大钱的交易者和金融历史，是因为没有经过分析而成功才是真实的历史，不是因为我觉得分析在交易中没有立足之地。恰恰相反，成功的技术分析可能是持久交易成功的一个非常重要的组成部分，但正如规则15所讨论的那样，不管你喜欢与否，技术分析只能到此为止。事实上，使用技术分析就像是不熟练的木匠使用电动工具。没有基本的木工知识，生手木匠如果使用与自己的知识不匹配的好工具，就会把房屋建筑搞得一团糟。这就引出了"你需要的唯一指标"这一规则。

但我们首先应该搞清楚目前使用的大多数指标背后的思路。大多数技术指标和振荡指标试图量化超买或超卖的概念。在我看来，这种想法背后的心理因素其实是非常健全的。市场可能在某个方向上有过度前行的观点并不新鲜。它是成功交易的基石之一。这是一个为盈利的交易者服务的概念。问题不在于市场能够而且将会过度前行，难在计算何时到达那个点。振荡指标和技术指标是出了名的滞后指标，因为它们是历史性的，而不是前瞻性的。在大多数情况下，由于这些数学概念的历史性质，它们经常在市场信号得到验证的时候确认超买或超卖，此时，七二法则（参见规则25）已经发挥作用。

你所怀疑的过度前行的市场已经开始在另一个方向上调整，该调整通常已经成为重大的变动。此外，大多数钟摆指示和技术指标是跟踪趋势的，它们帮助你在一个趋势中建立头寸，但永远不会在走势反转时帮到你。另外，当进入趋势的信号变得清晰，你入手操作的时候，接下来可能会发生回调，市场价格可能会回到你的入市价位甚至再稍微低一点。无论如何都没有实质性的进展。

最近的一批振荡指标和技术指标试图宣扬前瞻性的特色。其中许多是基于极其复杂的计算，只能由计算机实时完成。我们把使用它们的交易者称为"黑箱"交易者。同样，这种方法没有任何错误，只是它不能解释交易中最关键的部分：交易者群体在想什么？

当你使用任何一种振荡指标和技术指标时，记住，它们只是数学计算方法，这一点至关重要。它们都是不同程度复杂性和交易表现的移动平均值。它们基于对市场本质的假设，并在概率理论的指引下运作。交易者试图找到更好的方法去做已被证明是有效的工作，这些努力的背后是历史性和前瞻性"对抗"的问题。如果你认同技术指标、振荡指标和技术分析都是历史性的，而不是前瞻性的，那么，你唯一真正需要的指标是：谁进入市场？谁退出市场？

这就把我们带到了成交量和未平仓量的研究领域。在我看来，这是你真正需要的唯一指标，因为这是唯一能够相当准确地揭示人们在想什么的指标。人们要么入市，要么退市。既然我们已经知道大多数活跃的交易者每天都在亏损，那么，我们就知道未平仓量的变化意味着人们不想玩了，他们相信自己会盈利，或者不能再承受亏损之痛。如果未平仓量上升，我们可以胸有成竹地认为，交易者有信心从多空两个方向入市。如果未平仓量下降，我们可以胸有成竹地认为，亏损者不能再承受压力了。如果所有这些都伴随着成交量的上升或下降，那么，我们可以胸有成竹地判断交易者所表达的恐惧、恐慌或期望的程度。

现在，公平地说，正确解读成交量和未平仓量，并不像我说的那么简单。但潜在的心理因素永远是一样的。通过理解价格走势、成交量和未平仓量之间的关系，你可以相当准确地了解交易者群体的想法。当然，这是一种艺术形式，而不是科学。市场的性质瞬息万变，你对V/OI的理解在20分钟前可能是完全准确的，但在这个精确的时刻，有些东西发生了变化。这是交易的"动荡"部分，也是V/OI如此有用的部分原因。V/OI是第一个被开发出来的指标，之后的指标都是为了改进V/OI，它们有一个重要的差异：V/OI不包括时间/价格关系。

V/OI是历史性的指标，它揭示了市场规模有多大，或者市场是否发生了某种变化。V/OI还披露了市场的稠密度，以及这种情况是否也在发生变化。当你将这些信息与价格上涨或下跌结合起来时，你可以分辨出是否有更多的空头或多头正在建仓或平仓，他们是否更频繁地操作，他们是否正在失去对自己的头寸的信心，以及其他类型的信息，使你参与（不是预测）接下来最有可能发生的事情。当一个交易日结束时，这些数据由交易所汇编和发布，当你将你所看到的与价格行为和其他指标进行比较时，你就能在头脑中勾勒出一幅栩栩如生的市场画面。

但是，由于V/OI不包括时间/价格关系，你可以清楚地看到市场即将出现一个价格上涨或下跌走向，但是，没有办法知道这种价格变化的发生会有多久或有多快。尽管V/OI是最重要的一个指标，因为它揭示了价格如何达到目前水平的背后最可能的思维过程，但它仍然不能预测或揭示思维过程是否已经成熟，是否即将发生变化。这就是所有"改进"技术指标和钟摆指示的全部目的：找出即将发生转变的时间/价格关系。V/OI指标显示了转变的存在，其他指标则试图亮出转变的时间。

如果你个人必须在这两个指标之间做出选择，"市场中的某些东西已经发生了变化"和"无论将要发生什么，它都会在明天上午11点到来"，你更愿意选择哪一个？就市场而言，知道有些事情发生了变化是更好的选择，因为只有一种选择可行：价格反转。只要你知道变化很可能发生在另一个方向上，那么，价格反转发生在接下来的20分钟或20天内，这真的重要吗？

正如我以前多次说过的那样，我并不想把交易时机的问题过于简单化。我的意图是帮助你们理解，第一个也是最好的指标将始终是V/OI，因为它提供了一个更关键的因素：市场结构发生了转变。在大多数情况下，市场结构发生转变，意味着某种形式的价格反转，因为那些把价格推到目前水平的交易者已经不在市场上了。交易者群体的思维已经发生了转变。只要知道这条信息，就能给你的交易带来明显的优势。你没必要知道这种转变会在什么时候导致价格反转。

在结束讨论这条规则之前，我想总结一些事情。首先，关于V/OI的研究不是一个小问题。你需要不断努力去理解V/OI是如何变化的。在这本书里，我们不可能讨论解读V/OI的所有不同方法。其次，你必须记住，过去150年发展起来的所有其他技术指标和钟摆指示，都试图以V/OI为基础更好地量化价格/时间关系。V/OI量化了迄今为止交易游戏的深度和性质，它告诉你已经发生或正在发生的变化。你对它提供的数据做出的反应，反映了你能否根据自己对群体思维的理解，预测下一步可能发生什么事情。

最后，V/OI从不具有前瞻性。没有技术指标和钟摆指示可以预测。没有任何形式的分析可以预测未来价格行为的任何程度。重要的问题是你要掌控自己需要的工具，并且知道如何使用它们来改进已经奏效的东西。

塞缪尔·克莱门斯和他那个时代的交易者们没有V/OI等任何指标。如果他拥有这些知识，他就会确切地知道如何使用它以及它的含义，因为他一开始就了解交易的基本知识。请把精力集中在学习基础知识上，然后理解V/OI。如果你做到了，你将拥有盈利之道，你日后的交易很可能会大大受益。

规则27
研究盈利交易者

我们应该只读最好的书，并习惯用心灵去结交最好的
朋友。

——西德尼·史密斯（Sydney Smith）

《福布斯关于机遇的思考》（*Forbes Thoughts on Opportunity*）

大多数人都会同意的观点是：做好任何事情都需要许多因
素共同作用。教育过程的各个部分对每个人都有不同的重要
性，在当今世界，我们受到信息超载的影响。教育作为一个过
程，需要为每个人设定不同的优先度，因为每个人都可能从一
个独特的起点开始。减少信息超载是这个过程的关键部分，我
觉得，因为现在互联网正处于全盛时期，如果有时间或兴趣，
我们可以真正了解任何话题中讨论过的任何事情。交易也不例
外。在我看来，点击鼠标就可以获得大量的数据，但其中大部
分不会帮助你成功。你需要知道如何为自己评估的东西设定优
先度。

　　请你后退一步，问自己几个问题，这样可以更好地缩小你的注意力范围，获得最好的交易教育。最好的一个是：我最应该听谁的？答案是你只需要倾听两个人的声音。第一个是你自己。在规则10中，我们讨论了做好记录的话题，作为教育自己成为更优秀交易者过程的一部分。通过记录我们的行为，我们可以洞察自己的思想。如果我们愿意，我们可以从借鉴他人的记录中获得同样的好处。除了规则28"做自己的学生"之外，我认为学习对其他盈利的交易者的高效方法也同样重要。在这个行业里，没有人会确定市场走向的全部真相，任何一个持续盈利的交易者都有一些有价值的话要说。这些信息包含在他们写的书里或者关于他们的书里。所以除了你自己，你应该听的就是其他盈利的交易者的声音。这样，你最终会100%得到你需要的东西，从而形成和坚持自己获得盈利的方法。

　　现在，当我说"听听其他盈利的交易者的意见"时，我不是指"听听那些有产品要卖的人的意见"。对于大多数人开始交易时拥有的有限资源来说，这可能不是一件好事。形成盈利方法，其中一个比较令人困惑的部分是，有许多与市场相关的信息可供查看。在书籍、杂志、交易系统、广播、讲座、数据等项目上，你可能花费金钱，浪费时间，但永远不会超越目前的交易水平。事实上，我也参与了这个过程。我个人提供了一个为期六周的广播讲座，旨在提高你的市场表现，我总是从听众那里得到的反对意见之一是，"这门课程怎么可能帮助我交易？"与其花时间在这些争论或问题上，我只想说，你必须过滤掉大量垃圾信息，才能得到对你有帮助的东西。就我个人而言，我不教人们如何交易，我只教他们如何独立思考。

重点是，作为一名交易者，你可以通过教育缩短你的学习曲线[一]，但你需要谨慎对待自己的教育过程。你可能会将大量个人资源投入不利于你发展交易事业的地方。为了防止这种情况的发生，我想给你一些建议，帮你缩小自己的关注范围，并获得真正高质量的市场教育，这些都是你在这个方向上投入资金的相应回报。

对交易方法和交易之间的区别保持敏感和关注。交易方法是改进交易选择的方法，换句话说，是找到做多或做空的更好点位的途径。这些交易方法基于概率理论和过去的市场表现，多数是由缺乏交易经验的人设计的。通常，交易方法是一些你可以购买或免费试用的计算机软件程序，以及描述它并以过去的市场进行验证的书籍，甚至是系统开发人员直接举办的持续数天的讲座。通过这些可以学习交易方法，而不是交易。

交易是更为关键的因素，需要成为你教育的中心问题。许多非常好的交易方法对于该系统的大多数用户来说毫无价值，因为交易的真正问题从未得到解决。学习交易包括学习如何避免常见错误、控制自己的行为、避免情绪干扰以及有效管理风险。如果用户不断对交易信号进行事后瞎琢磨、给亏损交易加

〇　学习曲线是指在一定时间内获得的技能或知识的速率。

注、被吓得早早地平仓盈利交易，或者犯下许多其他错误，那么，再高明的交易方法都不会起作用。简单地说，一个盈利的交易方法被一笔糟糕的交易全盘否定了。

所有盈利的交易者在开发或使用交易方法时都学会了如何避免不良行为。你会被他们告诉你的事震到：交易方法是他们交易体系中最小的一部分。盈利的交易者使用的方法只是略有不同，它们涵盖了所有的潜在行为。一些盈利的交易者是日结交易者，一些是黄牛交易者，一些是长线交易者或波动交易者，一些是套利交易者。这样的例子不胜枚举。交易方法可以变化，但交易不能变化。

在我看来，利用你的交易资金的最佳方法就是把你的教育分成两部分，但花更多的时间学习交易。就我个人而言，我每年投资几百美元在书籍、磁带和讲座上。因为我不再需要学习系统化方法论，我买的资源是传记类的。我研究的是盈利交易者，不是交易方法。每年我都会去听盈利的交易者演讲，读他们写的书，或者听他们录制的音频。迄今为止，最大的投资回报体现为知道了盈利者如何思考，而不是盈利者如何交易。因为交易是一种主观的和个人的经验，所以，认为其他交易者的方法会与自己或自己的交易性质相一致，这是不合理的。期望成功的行为是从经验中学到的，看到别人的经验和自己的经验相似，就认准自己可以学习如何改善自己的行为或者避免产生不好的行为，这种期望似乎更加合理。大多数盈利的交易者会告诉你，他们有自己的组合型经验。他们必须找到或发展一个与他们的个性或天性相适应的交易方法，但对他们来说，最重要的事情是学习高效交易。

传达交易方法与交易之间的差异，以及为什么这种差异如此重要的最佳方式就是从真正重要的事物中勾勒出一幅画面。想象你是一名被派往前线的士兵。不管你如何看待这次军事冲突的性质，事实就是战场另一边有人想杀你。这不是电子游戏或训练演习。这次你的生命受到了真正的威胁。在这一点上你没有选择的余地，当然你也不是和平解决冲突的人。在这个特殊的时刻，这是一个杀人或被杀的问题。你的敌人也面临着同样的情况，你可以放心，他现在想着和你同样的事。你不想死，他也不想死。到今天结束的时候，情况就会改变，你们中的一个必死无疑。

指挥官上来给你下达命令。他命令你和你的士兵小队深入冲突的中心，为即将到来的进攻建立一个前沿阵地。你回头一看，你的指挥官是一名23岁的中尉，刚刚从西点军校毕业。这是他在毕业后第一次担任指挥官，他的命令是"建立一个前沿阵地"。你被一个几乎没有战斗经验的人命令去战斗，如果他犯了错误，那么躺在裹尸袋里被送回家的人可能就是你。

显然，一个训练有素的士兵会执行这个命令，我不是说新的军官能力不够。我在说明一点，不管你喜不喜欢，书本上的知识和战斗经验是不同的。如果这个指挥官是一位三星将军，他曾经多次为生存而战，并且曾经两次击败过这支敌军队伍，那么，我们假设的这位士兵在建立前沿阵地时就不会有那么多的内心冲突了。那位将军很可能不会命令一名士兵进入错误的阵地。他曾经也是一名刚从西点军校毕业的中尉，当时一起毕业的还有一群即将成为前线军官的同窗。那些同学都牺牲了，只有他还活着。他学会了如何在战斗中更好地运用书本知识，这就是他成为中尉的原因。他很可能会看到敌人设下的陷阱和圈套，因为他不止一次地击败了敌人，他知道如何利用敌人无法觉察的弱点。

交易也是这样。这是一个杀人或被杀的环境。当你处于净指令流的亏损一方时，你所拥有的书本知识都将无济于事，你在那一点位上正输掉这场战争。只有战斗经验才能帮助你。总体盈利的交易者已经从处于激烈的战斗中并且没有被杀死中领悟到了盈利行为。作为一名正在成长的交易者，你将从研究盈利交易者的过程中学到比理论更多的东西，就像胜利的军官从战斗中学到的东西比书本更多一样。

我鼓励你继续把对盈利交易者的研究作为你交易方法的一个常规部分。我不是建议你忽视市场分析艺术和科学的新发展。在我看来，你会得出和我一样的结论。经过足够长的时间后，你所探索的大部分市场研究都在说几乎相同的事情。通过平衡你在交易方法和交易之间的学习，你将缩短你的学习曲线，预防你的交易账户"零余额"的惨剧发生。

　　为了让这条规则为你服务，你最好的办法就是每天让自己花足够的时间去阅读一章优秀交易者传记。在一年之内，你会读到几本关于那些不止一次赢得交易战争者的传记。你会把他们的经验转化为自己的经验。

▼ 规则28
做你自己的学生

盲人之国，独眼称王。

——古犹太谚语

　　我认为，对大多数人来说，最难的是真正透彻的自我评价。我们每个人都有优点和缺点。我们对自己和周围的世界都有不同程度的误解。我们有性格缺陷，也有独特的才能。我们都犯过错误，也都取得过成功。不管你怎么想，每个人在成为群体的一部分之前，首先都是个体。每个人表现的个性都不同。这些个性的总和成为我们的影响圈子，比如，我们的朋友和邻居，我们的城镇和政府，并最终成为整个人类经验的一部分，即我们参与其中的历史。

　　当我们表达我们的个性时，我们中的一些人（作为个体）会选择表达我们自身潜能中消极的、黑暗的一面。拒绝承担责任且行为出轨的个人成为我们必须监禁的罪犯；大家都认为，这种犯罪方式让他们成了街头帮派，让我们被迫寻求（政府）保护，以免受害；喜欢自己多过爱护人民的政府成了流氓政府，威胁着全国人民，等等。

我们每一人的表达，无论是好是坏，都成了永无止境的群体行为的循环，这个循环反过来又变成了经济上的好年景和坏年景、我们生活中的日常快乐和痛苦、我们必须遵守的法律、战争与和平的时代。而且，信不信由你：这个循环还变成了牛市与熊市的循环。当多个个体构成一个群体时，群体受到占优势的个体表达的支配。市场是独一无二的，因为即使市场是一个群体，服从于群体行为，每个个体也都可以在自己选择的任何时间参与，整个群体（市场）可以带着或丢下这个个体而继续前行。我们的个人参与有助于创造群体，我们可以利用群体，但这也是个人的选择。

在我看来，我们每个交易者面临的最大问题就是要知道在我们的个人思维中如何划定界限，因为它会成为我们强加给群体的个人行为。我们需要了解是什么促使我们采取行动。我们每个人对于如何处理数据输入以及其诠释都有独特的表达方式。对于我们中的一些人来说，市场的大幅回调刺激了我们的获利欲望，因为我们关注的是市场上涨"太高"，我们可能正在寻求做空入市。其他交易者将视其为突破点，并将在多方跳入市场。另一些人会什么都不做，等待回调时买入，或者等待回调确认冲高失败，然后卖出。

在所有情况下，价格行为都是简单存在的，而所有个体得出的结论是不同的。它们来自我们的内心，完全取决于我们选择如何看待事物。参与每个市场的每个交易者都选择以一种特定的方式看待事物，他们都是独一无二的个体，用市场作为这个结论形成过程的一种表达形式。我们都从一个独特的角度操作我们的交易。但在所有情况下，价格行为本身对每个人都是一样的。我们作为个体对它的含义形成了自己的结论。群体本身对此无动于衷。不管有没有我们，群体都会继续运转。

在你的交易生涯中，你迟早会面临一笔对你来说毫无意义的亏损交易。它与你如何评价价格行为有关，而价格行为导致了你采取行动的冲动。群体与这个评估和结论的产生过程没有任何关系。一旦你在交易过程中加入了这个群体，你就会受到群体行为的支配，因为群体的行为是所有其他交易者个人参与的总和。如果你选择的交易是亏损的，那么，这笔损失与你得出何时参与该交易的结论没有任何关系，而与其他所有人的参与有关。你的选择来自你自己，你的结果来自群体内部。

正是由于这个原因，你要对自己形成结论的过程提供独特表达，你的结论形成过程需要变得尽可能透明与可行。除非你的结论是群体潜力对你有利，否则，一旦你操作并将自己置于危险之中，你获得收益的机会就很少或根本没有。这种透明度对大多数人来说并不是一种自然状态，原因很简单，我们的日常生活并不需要它。在你的人生中，你无须改变你的性格缺陷或自身弱点，仍然可以享受非常美好的生活。通常只有当我们的弱点或缺点变得非常明显时，我们才愿意去改善它们，比如上瘾问题。这个世界到处都是可怕的人，他们过得很好，不管他们给周围造成了多大的破坏。这个世界上也有许多善良的人，他们也快乐地生活着。一旦我们决定在同一个市场交易，创建一个我们都无法控制的群体，一切都会改变。如果群体中最大的傻瓜站在净指令流的盈利一边，那么，他就可以获利；如果诺贝尔奖得主站错了队，那么，他就会遭受亏损。就这么简单。

那么，我们为什么要研究自己呢？因为当我们明白我们为什么要这么做的时候，我们就不再受制于群体了。直到我们的思维和行为脱离了群体的思维和行为，我们才能看清群体的思维和行为到底是什么。群体或群体的行为是基于群体的结构。只有我们能清楚地看到群体是如何运作的，我们才能知道什么时候该脱离群体或者引导群体前进。

我们必须超越平均思维，因为这些思维来自冥顽不化的群体头脑。我们必须研究我们自己的思想和行为，认识到什么时候造成破坏、什么时候实现盈利。当我们看到群体选择破坏性行为时，我们就有机会从中获利。因为市场是一个群体，它只能以个体行为的总和为基础进行运作。只要这个群体是由那些看不出他们具有破坏性的人组成的，市场运作就永远处于该振荡趋势的低端。大多数交易者都出现了净亏损，因为他们的思维和行为与群体中其他成员非常相似。当一个交易者选择以不同的方式思考和行动时，他是唯一可以获得关于群体结构新信息的人。

这种差异来自对自我思维的自我分析和对自我行为的剖析，直到你清楚地看到自己的表现与群体有多相似或是否具备了其他的独特之处。一旦你知道了这种差异（无须大量的交易保证金），你最终会买弱卖强，以确保盈利。

"做自己的学生"，说起来容易做起来难。试问，培养保持透明度技术的实践层面是什么呢？

不管你个人处于交易发展的哪个阶段，你都必须明白，培养透明度技术的过程就是在揭开幻觉的面纱。获得知识的代价就是毁灭幻想。那些不肯放弃幻想的人是最痛苦的。在交易舞台上，我们所经营的幻想很快就变成了全面对抗。一些交易者称这个过程为"强制觉醒"。他们的意思是，你的个人决策过程还是原来的样子。当你遭遇亏损时，你的账户余额为负。如果一个交易者以任何方式为自己的亏损辩解，他就是在幻觉中操作，直到他的钱全部耗尽。现在交易者只有一个选择：承认他自己有幻觉问题，或者进一步否认。如果交易者真的在通往透明度的道路上，那么，他账户上的全部亏损都来自"强制觉醒"。交易者不能否认他账户上的结果仅仅是因为他个人的行为。这就是为什么自我学习导致自我觉醒是如此重要。没有它，你会经历"强制觉醒"。你更喜欢哪一种方式？

为了避免经历"强制觉醒"，你可以随时开始面对你个人的错觉深度。大多数人这样做的时候，不喜欢自己看到的真实自我，或者不愿接受自己真的存在那样的问题。这就是在面对成瘾者时干预如此有效的原因，因为在那之前，成瘾者真的不认为自己有问题。当他面临毒品和友谊的选择时，死亡就来临了。现在就要对自己负起责任。在交易中，你既是问题的源头，又是解决方案的提供者。你必须面对自己，否则市场会替你做到这一点。这是你的选择——要么保持幻想，要么保留金钱。你最想要哪一个？

为了不断面对自己，减少可能产生的幻觉，我有一大堆写满问题的卡片。我每天都问自己"我是否希望市场在我预期的方向上移动？""我害怕操作吗？""我今天是不是要相信其他的东西才能赚钱？"以及其他许多问题。我还有记事卡，上面写着："等市场价格到达止损指令的价位再操作""市场不知道我的头寸""100%遵守你的规则"，等等。关键是对我个人来说，我发现，如果我每天提醒自己什么是基本原则、什么是规则，我的幻想倾向就会减少。我不再与自己或他人谈论有关价格行为的意见，市场基本面将对价格产生的影响，媒体上的一些说法有什么弦外之音，等等。我不再像群体那样思考，所以我现在知道如何利用群体思维。

我必须每天这样做，因为我也知道我有过度自信的倾向。当我持续获得盈利交易的时候，我会认为我知道自己在做什么。那也是幻觉，然后我就开始遭遇亏损。我已经厌倦了亏损，不想再亏损了，我愿意做任何事来保持盈利，即使这意味着我对自己的可爱幻想最终会被扔进垃圾桶。

请理解，在这条规则的简短描述中，不可能给你一个培养透明度和避免"强制觉醒"的详细方法。没有捷径可走。永远记住，每个交易者都必须学会交易。没有一个顶尖的交易者是偶然到达巅峰的，所有盈利的交易者都会告诉你，第一次大亏损教会了他们不要依赖幻觉，这也开启了他们通往大彻大悟的道路。

这种大彻大悟是市场是在你自己的头脑中创造出来的。你看待事物的方式决定了你交易的方式。学会用新的方式看问题。所有其他规则都是为了让你留在思维游戏之中，直到你清楚地看到如何跳出群体思维。

尾声

记住，市场不会打败交易者，它只会给他打败自己的机会。

——《商品交易者年鉴 1989 年》
（*Commodity Trader's Almanac*，1989）

我真的很享受写这本书的过程。正如我在前言中所说的，我花时间回答了以前没有想到的问题。我从一个新的角度看待事物，并试图简洁地表达，我以一种新的方式重新解读古老的真理，同时对基础知识的认识更为完整。我衷心希望你们享受阅读，并且至少掌握一个新的概念，可以用它来改进你们的交易方法。我知道，我自己很享受，但这既然是写给你们的书，那我就在此写个结语吧。

交易不是人们想的那样。人们很容易相信，成功的投资是经济市场要素、政治影响、供求关系、在正确的时间出现在正确的地点以及一点点远见的综合作用。我们可以说服自己，只要有足够的学习和足够的知识，再加上足够的毅力和一些关键的时机，我们就会发现我们的财富就像彩虹尽头的一罐金子

（爱尔兰传说）一样等待着我们的努力。但是，交易的真相更像是海妖在召唤海浪，如果不小心，就会把我们引向一场海难。

当你整合你的交易方法并寻找你自身的优势时，我想这本书的总结可以理解为：你的成功并不在外部，你的成功来自你自身。如果你理解了字里行间的意思，你可能会得出这样的结论：在某种程度上，每条交易规则都与其他规则相关。所有这些行之有效的规则都包含了一种潜在的心理因素，包括不依赖交易结果，承认任何事情都可能发生，以及理解交易者群体不知道市场的真实面貌。由于我们从某个参考点位入市，以便从貌似很随机的价格行为中创造机会，所以我们真正需要做的就是保持足够的警惕，在亏损时退市，在盈利时坚守。我们在对价格做出价值判断、期待市场走向、修复未打破的规则的过程中投入的精力越少，我们承认自己错了的速度越快，我们获得净收益的可能性就越大。当你思考这种行为的潜在心理时，就会得出一个必然的结论：我们控制自己作为交易者的命运比控制我们生活中的其他东西更加坚定不移。当我们意识到这一点时，我们的潜在交易将真正毫不费力，我们的内心也不会产生冲突。

我认为，大多数交易者都会承认，在某个时间点，甚至是目前，他们的交易是令人沮丧的、痛苦的、恼火的，或者充满了其他一些消极的情绪冲突。我们周围的一切，作为我们日常交易的一部分，往往是为了减少或消除这种内在冲突。但几乎所有我们感觉到的内心冲突都与市场无关。这些冲突源自我们选择如何看待正在发生的事情，或者说，来自我们内化这一切对交易平衡的意义。市场只是一台处理订单的机器。一台机器怎么能在我们的日常生活中制造这么多冲突呢？

机器与冲突无关。停下来想一想，如果你的车没油了，生气是多么愚蠢的事情。那辆车非常清楚地告诉你它需要加油，仪表盘上的油料压力符号旁边有个小闪光灯。你无视汽车发出的清晰信号，这就是在制造内心的冲突。你不需要经历这种冲突，只需要停下来加油。如果这意味着你约会要迟到，那么你的问题就是时间管理，这不是汽车的错。

对于一些人来说，交易就像是在城镇之间荒芜的乡间小路上开着一辆油表坏掉的汽车。他们不知道汽车什么时候会停下来，所以每一英里都意味着"末日来临"。在交易中，问题不在于市场（机器），而在于我们无法管理自己。

交易规则的作用在于将你的思想从情绪状态的后果中解放出来。如果你仍在完善你的交易方法，控制你的行为将防止你进行糟糕的交易操作。糟糕的行为肯定会导致亏损，如果这些亏损因为严重的负面情绪而变得复杂，你的精神能量就会被用来消除痛苦而不是寻找机会。这正是交易者群体的思维范式，这就是为什么那么多交易者在不必要的时候出现净亏损。你能想象这样一条路吗？路上满是撕扯着自己的头发，对着没油的汽车大喊大叫的人。讽刺的是，肉眼所能看到的每个十字路口都有一个加油站。

当交易者在基本压力之上再加上情绪压力时，往往会毫无必要地将事情复杂化。市场上的亏损是不争的事实，其中有许多亏损是可以避免的。但是，当你为一笔亏损而自责，不停地想这笔亏损是否可以避免的时候，你就给这个过程增加了压力，这个过程的压力已经很大了。你没必要火上浇油。退一步想想吧。

为了开发你的全部交易潜力，你需要一种不同的思维范式。这并不意味着你必须改变你的整个世界和人生观（尽管这对我有帮助）。你真正需要做的就是问自己一些很好的问题，鼓起勇气诚实地回答这些问题，不要开玩笑，也不要欺骗自己。这本书中讨论的所有规则都与这种新的思维范式相关联。当你改变自己的观点，使之更加符合市场或交易者群体思维和行为范围时，你的自我控制行为会阻止你抛掉全部的资金。改变不是一夜之间发生的，所以我认为，任何交易者如果没有受过基础教育就想赚钱，是不合理的。你为自己制定和强加在自己身上的规则，就像每天都要定时去上课一样。你不去上课就受不到教育，而且你必须按时上课。你不会赚钱，直到你学会你需要知道的知识，那些规则确保你会出现在课堂上。一旦你接受了教育，你就不用去上课了。一旦你知道如何交易，如果你选择遵守规则，那么你就可以改变和完善交易规则了。

不管你怎么看待交易规则，问题和解决办法都在你自己身上，而不是要归因于市场。你要尽力去做一个对自己的结果完全负责的交易者。记住，是你自己选择了如何操作。不管你用什么方式来获得足够的自信，进而扣动扳机，做选择的只有你自己。你的分析、恐惧、贪婪、希望和知识匮乏，都是决策过程的一部分，直到你达到完全控制自己行为的地步。控制了自己的行为，你就能获取更多的自信，还能改善外在行为。当你看到自己的行为可以一直持续并具有盈利能力的时候，你就会自信地知道什么对你有利。你学会了更好的操作，你接受了交易的结果，无论如何，你发现了你的交易优势，你的交易弱点被以一种你可以接受的方式克服。一旦你完全接受自己的责任，完全控制自己的行为，交易就会变得轻松愉快，而不是令人沮丧和痛苦。

然后，所有的改变都发生在你的内心。市场就是市场，无论有没有你，市场都会存在。所以，归根结底，你创造了你的机会，而不是市场。

在结束探讨之前，我想给你一些细节，这有助于你借助这28条指导性规则去摸索你自己的交易规则。首先，你的规则必须是针对个人的，要来自你的内心。我建议你在规则里多用"我""自己"和"我的"。例如，不要规定"在交易中只冒30个点的风险"，而要说"我在初始交易中只冒30个点的风险"。当你将你的规则个性化时，它们会对你的思维产生更大的影响。规则不再只是悬浮在空中的好主意，而是你每天都在做的个人行为。

我还建议，你把你自己的交易规则写在引号里，这样，当你读它们的时候，它们就成了你的文字。你大声地读出来，这样你就可以在自己的声音里听到它们。你有没有过这样的经历：当你准备做某件事的时候，你的脑海里回荡着你妈妈的声音，她告诉你不要做那件事。你有没有做，这不是重点。我敢打赌，你在做或不做之前，肯定会停下来想一想。

其次，每天至少复习两次你的规则。每天早晨上班前和每天晚上做完市场调查后，我都会阅读我的规则。我习惯于在交易日开始和结束的时候复习我的规则。有心理学研究表明，如果你在一天开始和结束的时候进行了持续的正面强化，那么你的睡眠质量就会得到提高，第二天的表现也会更好。这可能就是为什么孩子们总是喜欢在晚上早早地躺在床上。他们似乎没有早起的困扰……

再次，定时离开交易台一段时间，做一次市场分析。我发现，当我不盯着电脑屏幕时，我不会想去重新评估我的实时交易。如果你坐在远离市场的地方，用打印纸和计算器进行市场分析，那就可以轻而易举地遵守规则14。在一天结束的时候，我打印出价格走势图和任何相关的信息或研究结果，然后把自己锁在办公室的一个的小隔间里。我发现，当我远离实际的价格行为，完全没被干扰时，我可以更好地集中精力。我经常会想起一些事情或者做出一个决定，但如果我处于激烈的"战斗"中，就会错过一些事情。

最后，除了第二部分的所有规则之外，我认为规则21"不要听信'情报'"是新交易者摸索自己的交易方法时应该遵循的最重要的规则。一旦你确定了止损的风险控制策略，下一步就是屏蔽一切，独立思考。当然，你需要市场调查和评论，但你使用它的方式才是最重要的。与其从表面上接受你所读到和听到的东西，不如问一些问题，看看交易者会对这些数据做些什么。迟早，所有的市场数据都会促使人们采取行动，从而导致交易发生，对指令流产生压力。问问你自己，交易者已经用这些数据做了什么，或者其他交易者会认为这意味着什么？当你周围的人提供市场评论时，礼貌地为自己找借口或直接让他们闭嘴。让情报贩子远离你的最好方法就是让他给你看他的交易账户余额。在我看来，没有什么比不遵守规则21更能让你快速崩溃。

除了这几个想法，你还可以畅所欲言。每个读者都有不同的方法来强化这28条指导性规则。谢谢你的阅读。

致谢

特别感谢这些帮助我集中精力按时完成这份手稿的人：凯文·康明斯（Kevin Commins），他只是让我工作，但提醒我截稿日期也是"交易"的一部分；约翰·威利父子出版公司的艾米丽·赫尔曼（Emilie Herman）对我缺乏计算机技能和没完没了的问题如此耐心；Infinity经纪公司和ProEdgeFX公司的工作人员，他们允许我在下班后用公司的设备完成手稿；Infinity经纪公司的吉姆·卡格尼娜（Jim Cagnina）和吉姆·穆尼（Jim Mooney），他们鼓励约翰·威利出版公司和我签约，这是我第一次真正的出版机会；还有我的家人，当我忙得喘不过气来的时候，他们鼓励我坚持下去。谢谢大家。